Werner Kirsten, Jahrgang 1944, gibt ein Beispiel dafür, daß Abenteuer und erlebnisreiches Reisen auch heute noch für jedermann möglich sind. Im „bürgerlichen" Beruf ist er Professor für Technische Mechanik, daneben aber ein jung und neugierig gebliebener Reisender. Seit vielen Jahren zieht es ihn, meist zusammen mit seiner Frau, immer wieder hinaus in die extremen und gleichzeitig phantastischen Landschaften unseres Planeten, wo der Mensch bis heute nur eine Nebenrolle spielt. Seine journalistische Tätigkeit begann 1984 mit Diavorträgen; heute veröffentlichen fast alle namhaften deutschsprachigen Zeitungen und Zeitschriften regelmäßig seine einfühlsamen Reiseessays.

Werner Kirsten

Westcoast-Story

Auf dem Pazifik-Highway nach Süden

Frederking & Thaler

Die Deutsche Bibliothek – CIP-Einheitsaufnahme
Kirsten, Werner:
Westcoast-Story : auf dem Pazifik-Highway nach Süden / Werner Kirsten. – Im Text ungekürzte Taschenbuchausg., 1. Aufl. – München : Frederking und Thaler, 1999
(Reisen, Menschen, Abenteuer)
ISBN 3-89405-082-9

REISEN · MENSCHEN · ABENTEUER

im Text ungekürzte Taschenbuchausgabe 1. Aufl. 1999

Umschlaggestaltung: Petra Dorkenwald, München
Lektorat: Olivia Baerend
Fotos: Werner Kirsten
Karten: Isolde Notz-Köhler, München
Herstellung: Sebastian Strohmaier, München
Satz: Uhl + Massopust, Aalen
Reproduktion: Brend'amour, München
Druck und Bindung: Presse-Druck Augsburg
Printed in Germany

ISBN 3-89405-082-9

Inhalt

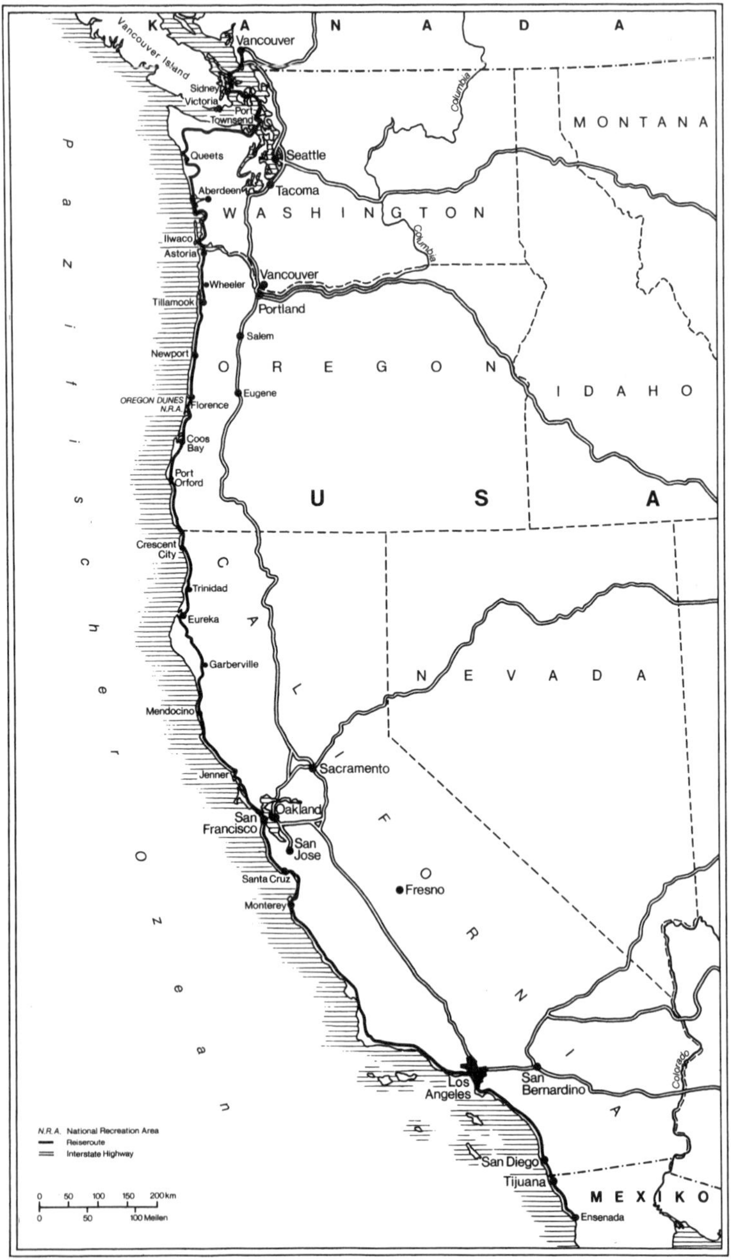

KANADA
Vancouver Island
Vancouver
Sidney
Victoria
Port Townsend
MONTANA
Columbia
Queets
Seattle
Aberdeen
Tacoma
WASHINGTON
Ilwaco
Astoria
Vancouver
Wheeler
Tillamook
Portland
Salem
Newport
OREGON
Eugene
OREGON DUNES N.R.A.
Florence
IDAHO
Coos Bay
Port Orford
Pazifischer Ozean
USA
Crescent City
Trinidad
Eureka
CALIFORNIA
Garberville
NEVADA
Mendocino
Sacramento
Jenner
Oakland
San Francisco
San Jose
Santa Cruz
Fresno
Monterey
Colorado
Los Angeles
San Bernardino
San Diego
Tijuana
MEXIKO
Ensenada
N.R.A. National Recreation Area
Reiseroute
Interstate Highway
0 50 100 150 200 km
0 50 100 Meilen

1 British Columbia – Wasser, Bäume und Himmel

Interessiert verfolgen die Angestellten an den Schaltern der Autovermieter unser Tun: Aus sperrigen Pappboxen schälen wir vorsichtig silberne Rennrahmen, tauchen immer wieder hinab, um Pedale, Laufräder, Sättel und Gepäck ans Tageslicht zu holen. Wenige geübte Handgriffe, und kurze Zeit später stehen zwei leichte Räder mit bequemem Gepäck in der Halle.

Nein, diesmal werden wir hier kein Auto mieten, weder bei Hertz, Avis noch sonstwem. Jahre zuvor haben Ulrike und ich Amerikas Pazifikküste schon per Auto bereist, aber nun wollen wir ihr mit Fahrrad und Zelt endlich gerecht werden, dieser Traumstraße zwischen Fels und Gischt hinunter nach Mexiko.

So rollen wir hinaus in den warmen Juliabend, hinaus aus der Ankunftshalle von Vancouver International Airport, die Pappschachteln wie leere Larven zurücklassend. Sie haben ihren Dienst getan, nichts an den Rädern ist beschädigt oder verbogen. Ist es das noch ungewohnte Gepäck oder die Müdigkeit der langen Reise, die uns wie frisch geschlüpfte Schmetterlinge auf den Rädern taumeln läßt?

Schon nach wenigen Kilometern nehmen uns Bob und Diane in ihrem gemütlichen Bed and Breakfast für die erste Nacht auf. Ist das wirklich alles derselbe Tag gewesen, ein Tag, der durch den Flug mit der Zeit mehr bereithielt, als die Sinne aufnehmen konnten?

Am Morgen standen wir noch reich bepackt vor unserem Haus in Hannover. Die größte Hürde war hier zu nehmen: die fünfminütige Straßenbahnfahrt zum Bahnhof. Mißbilligendes Kopfschütteln des Fahrers: »Fahrradkisten gehören nicht in die Straßenbahn«, und nur die Kunst der Überredung verhinderte, daß die Reise bereits hier ihr Ende fand.

Tribut an unsere Räder und den Flugplan: Im Bummelzug (mit Gepäckwagen!) dösen wir Frankfurt entgegen. Zu oft haben wir die Unerbittlichkeit deutscher Schaffner kennengelernt; zu Fahrrädern besteht hier offenbar eine ähnlich innige Beziehung wie von Hunden zu den Hosenbeinen der Briefträger. Hat man sich aber durchgekämpft bis zum Check-in am Flughafen, so ist alles gelaufen: Für eine Fluggesellschaft ist ein Fahrrad kein Problem.

Wir flogen einem strahlenden Sommertag hinterher, elf Stunden lang, und kamen doch nur zwei Stunden später an. Die Sonne beschien die blaue Einsamkeit des Nordatlantiks, danach die zerfurchte Kette der Berge und das schimmernde Inlandeis Grönlands, ließ treibende Eisberge unter uns wie funkelnde Aquamarine erstrahlen. Der riesigen Hudson Bay und der erschreckenden Trostlosigkeit des nordkanadischen Schildes konnte jedoch auch sie keinen Glanz abgewinnen, aber dann zeichnete sie schon bald die Konturen der Rocky Mountains und noch später der Kaskaden. Sie stand immer noch am Himmel, als in der Ferne wieder Wasser auftauchte: der Pazifische Ozean. Die 747 neigte die Nase immergrünen Wäldern entgegen, eine letzte weite Schleife über dem Wasser, und wir waren angekommen.

Viel zu früh, noch fast in der Nacht, sind wir wach: Neun Stunden Zeitverschiebung machen uns zu schaffen. Endlich hören wir Diane in der Küche hantieren, und schon sitzen wir am Tisch. Sie ist eine resolute Frau mit Sinn fürs Naheliegende.

»Ihr wollt wirklich nach Mexiko, mit dem Fahrrad?« Kopfschüttelnd schlägt sie gleich ein paar Eier mehr in die Pfanne, möbliert den Tisch mit aktentaschengroßen Corn-flakes-Packungen und Butterklumpen so groß wie Briketts. Milch und Marmelade kommen gleich gallonenweise, und die wuchtige Tür des Eisschranks hört erst auf zu klappen, als wirklich nichts mehr auf den Tisch paßt.

Dann baut sie sich vor Ulrike auf und zeigt auf ihren Bauch: »Essen Sie, soviel Sie können!«

Ich erhalte einen vorwurfsvollen Seitenblick über den Rand ihrer Brille, der klar ausdrückt, wofür sie mich hält: einen Unhold, der eine zarte junge Frau ins Abenteuer lockt. Ulrike lacht, aber ein wenig trifft mich Dianes Vorwurf doch. Zwar sind wir erfahrene Globetrotter, zusammengewachsen in den Eiswüsten des Karakorum oder auf den höchsten Gipfeln der Anden, aber eine gemeinsame Radtour gab es bisher nicht. Mir ist der harte Sattel vertraut, wenn auch meine aktive Zeit als Radrennfahrer und die Ferientouren durch Europa inzwischen zwei Jahrzehnte zurückliegen. Für Ulrike ist alles neu, selbst ihr Fahrrad hat sie erst seit wenigen Wochen. Es war Liebe auf den ersten Blick zu dem schmucken Renner, und seitdem fieberten wir dem Abreisetag entgegen.

Start zur »schönsten Tour der Welt« – dreieinhalbtausend Kilometer Glück auf zwei Rädern

Zwei Jahre zuvor waren wir an Oregons Küste einem Mädchen allein auf großer Radtour begegnet, und uns fiel es wie Schuppen von den Augen: natürlich, die »Traumstraße der Welt« mit dem

Fahrrad, abgemacht? Abgemacht! Beglückenderes konnten wir uns nicht mehr vorstellen, als frei wie die Zugvögel nach Süden zu radeln; eine besondere Straße verlangt eine besondere Art der Fortbewegung.

Inzwischen ist Bob dazugekommen und versucht, sich in dem ausgebreiteten Supermarkt zurechtzufinden. Nachdenklich kratzt er sein Kinn und bringt es dann auf den Punkt: »Das ist eine Riesenstrecke – wie weit ist es?«

Ich komme mir vor wie ein Prahlhans, haben wir doch noch nicht einmal angefangen: »Na ja, so gute 3400 Kilometer.«

Bob nickt Ulrike aufmunternd zu: »Das schafft ihr schon – und es wird euch gefallen. Es ist phantastisch!«

Damit ist für ihn das Thema erledigt, und wir essen und klönen so unbefangen, als ob wir hier schon immer gefrühstückt hätten. Es ist bald zehn Uhr, als wir uns mit der beiläufigen Bemerkung losreißen, wir hätten noch einen weiten Weg vor uns. Bob steht in der Tür und winkt uns lange nach: »Gute Fahrt!«

Vancouver, Kanadas Tor zum Pazifik, ist eine sympathische, lebhafte Stadt mit einer Umgebung, die blanken Neid hervorruft. Sie besitzt das Beste von zwei Welten: vor der Tür Strände mit mildem Klima, die durch die Strait of Georgia vor der hohen See abgeschirmt sind, und dahinter einen Rahmen aus Hochgebirge von großartiger Harmonie. Morgens Ski fahren am Mount Grouse, nachmittags zum Strand im Stanley Park: nichts Ungewöhnliches in diesem Juwel von Stadt.

Wir kennen sie recht gut von früheren Reisen und sind jetzt aber doch froh, die *downtown*, dieses sehenswerte Laboratorium zukunftsweisender Architektur, buchstäblich links liegen zu lassen. Romantisch ist es nicht gerade und dazu noch kompliziert, sich durch die Suburbia der Millionenstadt hinauszutasten. Wie es sich gehört im klassischen Land des Automobils, rauscht der Verkehr vierspurig an uns vorbei nach Süden, und wir reiben uns verwundert die Augen, als ein Schild am Rand des Freeways die Weiterfahrt verwehrt: *Forbidden for bicycles*. Gibt es hier außer uns noch andere Radfahrer? Und überhaupt, was soll der aufgezwungene Stopp? Wir wollen doch nach Mexiko!

Vancouver – Kanadas lebhaftes Tor zum Pazifik

Des Rätsels Lösung: Ein enger Tunnel unter einer Meeresbucht ist zu durchfahren, und dieser gefährliche Abschnitt wird zweimal am Tag durch einen Lastwagen besorgt, der Radler und Räder huckepack nimmt und hindurchbringt. Wir müssen warten, aber pünktlich zur angegebenen Zeit erscheint ein fröhlicher Bursche mit einem kleinen Truck. Ein Griff, und die Räder hängen sicher in den Haltern, und los geht's durch die schwarze Röhre. Wir sind dankbar für den Service.

An der nächsten Tankstelle werden wir abgesetzt. Schade, es fuhr sich eigentlich ganz hübsch im Auto, und auch der Verkehr kam uns, durch die Windschutzscheibe gesehen, nicht mehr bedeutend vor.

»Wir brauchen eine bessere Karte, es muß doch noch etwas anderes geben als diese dämliche Autobahn«, schimpft Ulrike. Aber auch die neue Straßenkarte des Staates Washington offenbart nur allzu Bekanntes: Bis hinunter nach Bellingham, weitere 96 Kilometer, gibt es keine Alternative. Aber hier, die gestrichelten Linien hinüber nach Vancouver Island und zu den anderen Inseln . . .

Ich bin selbst begeistert von meiner Idee: »Wie wäre es, wenn wir uns im großen Bogen über die San Juan Islands hangeln? Wir sind dann zwar länger unterwegs, ersparen uns aber den Ärger auf dem Freeway. Außerdem lernen wir dann endlich mal die Inseln kennen.«

Ulrike schaut skeptisch in die Karte. »Hoffentlich verlieren wir nicht zuviel Zeit mit Warten. Erwischen wir heute überhaupt noch eine Fähre?«

Ich bin, wie immer, Optimist: »Es wird schon klappen.«

So schnell ändert sich die Reiseroute: Statt nach Süden strampeln wir jetzt stramm gegen den Wind nach Westen, zum Fähranleger in Tsawassen. Natürlich klappt es. Im Land der unbegrenzten Möglichkeiten wird es dem Reisenden leichtgemacht, nach Lust und Laune herumzugondeln.

Die Autofähre scheint nur auf uns gewartet zu haben, und für ein paar Dollar sind wir dabei, beim ersten Sprung hinüber nach Vancouver Island. Ameisenhaft klein erscheint mir Ulrike, als sie ihr Fahrrad die Rampe hinunterschiebt und im riesigen Maul des Hecks eintaucht. Einige Seilenden hängen an den Bordwänden zum Vertäuen der Fahrräder, aber wirklichen Seegang wird es heute nicht geben. Wir trollen uns ein paar enge Stiegen empor, hinauf zum Sonnendeck.

Es ist einer jener nicht einmal seltenen Sommertage hier, wo der Himmel blank und tiefblau ist, die Luft würzig nach Tang und Meer riecht und kein Dunst über dem Wasser liegt. Die Sonne läßt die Haut spüren, was sie vermag. Bei Kanada dachte ich früher sofort an Schnee und Pelzmützen; wer macht sich schon klar, daß dieses

Land, auf Europa übertragen, bis nach Rom herunterreicht, daß hier guter Wein wächst? Wir schippern gerade auf der Höhe der Schweiz dahin, doch das Licht ist sogar mediterran, das Meer spiegelt unzählige Reflexe wider. Das Schiff fährt recht schnell, und die warme Luft kühlt sich dadurch angenehm ab. Die weißgestrichenen Decks scheinen die Strahlung noch zu verstärken: Unsere nackten Beine zeigen erste Anzeichen von Sonnenbrand. Wir hocken im Wind an der Reling und tauschen Belanglosigkeiten mit den Nachbarn aus. Vor uns sitzen zwei verwelkte Blumenkinder, übriggeblieben aus den bewegten Tagen in San Francisco und dem Sommer der Liebe. Sie halten sich die Hände und flüstern weltentrückt miteinander. Eine seltsam anrührende Sanftheit spricht aus den runzligen Gesichtern. Die Zeit hat ihnen nicht die Träume von einer warmherzigen Welt nehmen können.

Eine kurze Nachricht aus dem Bordlautsprecher fegt das Deck leer: Das Selfservicerestaurant ist jetzt geöffnet! Amerikaner erscheinen mir immer hungrig, zumindest sieht man sie häufig essen, und die Portionen sind nicht gerade schmächtig. Geduldig und übergewichtig treten sie in endlosen Schlangen an, um teilzuhaben am kulinarischen, cholesteringesättigten Einerlei: Von Honolulu bis Halifax, von Prudhoe Bay bis El Paso feiert die Normung des Geschmacks Triumphe; allerdings mit bedrückendem Ergebnis für die Figur des Durchschnittsamerikaners. Gutgenährte Kinder watscheln da auf überlasteten Gelenken, zart ist allenfalls ihr Alter. Moppelige Jungen und pralle Mädchen verputzen zu den Pommes-frites-Bergen ketchuptriefende Hamburger, die so groß sind wie ihre Gesichter. Ihre besorgten Eltern wissen, daß der Mensch nicht von Brot allein lebt, er braucht auch Fett!

Daneben sollte aber ein zählebiges europäisches Vorurteil endlich ausgeräumt werden: In Amerika gebe es keine guten Restaurants! Man muß nicht gleich San Francisco ins Feld führen; wer sich die Mühe macht und ein wenig herumfragt, wird auch in kleinen Orten gut essen und dabei immer freundlich bedient werden.

Knapp eine Stunde kreuzen wir das offene Wasser der Georgia Strait, dann schlängelt sich die Fähre durch die anheimelnde Welt der Gulf Islands. Der Pazifik hat seinen höchst unpassenden Namen zwar nicht hier erhalten, aber hier wird er ihm das ganze Jahr hindurch gerecht. Der größte aller Ozeane wird sogar im Paddelboot erlebbar. Die höchsten Wellen entstehen durch das Kielwasser von Booten, unser Fährschiff läßt ruhig daliegende Angelboote plötzlich wie Korken auf und nieder tanzen, überrollt die flüchtigeren Spuren von Jachten und Booten.

Ein Wirrwarr aus Inseln, Buchten und Wasserstraßen umgibt uns, eine amphibische Welt, die sich so die Küste entlang bis nach Alaska hinaufzieht. Verwinkelt gebaute Holzhäuser mit großen Glasflächen unter spitzen Giebeln stehen einladend an den Ufern und auf Klippen oder ducken sich unter mächtigen Douglasfichten. Phantasie und Respekt vor der umgebenden Natur schufen diese charmanten Behaglichkeiten; niemals sahen wir aufdringliche oder gar protzige Anwesen. Neu oder alt ist kaum zu unterscheiden; grobe, ungestrichene Wände spielen mit Grautönen, eine alterslose Patina. Was die Farbe nicht hergibt, macht die Form allemal wett, die sich konsequent und elegant dem rechten Winkel verweigert. In Gedanken schlüpfen wir in jedes Haus, versuchen uns das Innere vorzustellen: Wir sitzen auf weitläufigen Terrassen und zierlichen Balkonen, lassen im Winter Kaminfeuer prasseln und sehen durch gläserne Giebel in die Sterne.

»Dabei haben sie nicht einmal richtige Winter«, schwärmt Ulrike. »Reichlich Regen und Sturm, aber es wird nicht kalt.«

Kleine Holztreppen führen hinunter auf Kiesstrände oder zu Stegen mit vertäuten Booten. Die gerade einsetzende Ebbe läßt steinige Strände wachsen; ein paar Leute in Gummistiefeln kommen mit Eimern herbei, um Pazifikaustern und Buttermuscheln zu sammeln, mit etwas Glück wohlschmeckende Dungenesskrabben aus den ausgelegten Reusen zu klauben.

Wir sind angekommen auf Vancouver Island, machen fest im Hafen von Swartz Bay, und aus dem Bauch des Schiffes schwappt eine Welle Autos an Land. Die blecherne Gegenkarawane reicht fast zwei Kilometer den nächsten Hügel hinauf, und wir freuen uns, niemals warten zu müssen: Ein Radfahrer ist immer vorn dabei. Ich treibe einen Fahrplan für die Fähren auf: Wir können uns Zeit lassen; das nächste Schiff hinunter nach Anacortes, Washington, geht erst in ein paar Stunden, und so radeln wir gemächlich wenige Kilometer zum nächsten Anleger nach Sidney.

Ein Hügel mit dichtem Nadelwald, eine weitläufige Bucht, und das Intermezzo auf dem Rad ist schon wieder zu Ende.

»Bei diesem Tempo kommen wir nie nach Mexiko«, glaubt Ulrike.

Dennoch freuen wir uns schon auf die Fortsetzung unserer Kreuzfahrt. Eleganter hätten wir den Freeway nicht umschiffen können. Sidney selbst hat den unverbindlichen Charme aller amerikanischen Touristenörtchen mit dem üblichen Stakkato der *malls*, der Ladenzeilen: T-Shirt-Shop, Gift-Shop, Restaurant, T-Shirt-Shop . . .

Wo es auch sei – zu gern kehren wir ein. Wir bestätigen uns, daß Seeluft hungrig macht, nehmen unterm Sonnenschirm Platz auf einer weitläufigen Terrasse am Ufer und blinzeln übers Wasser. Die Sonne brennt jetzt heiß herunter, und der »Maxi-Burger« im Magen wird uns für die nächste Zeit am Stuhl festnageln.

Das Wasser liegt glatt wie ein Spiegel, und nur der würzige Duft des Tangs und die feuchtschwarzen Kiesel verraten, daß hier kein See plätschert, sondern ein Ozean im Rhythmus der Gezeiten atmet. 100 Kilometer im Westen, an der offenen Küste südlich von Cape Flattery, wirft derselbe Ozean gewaltige Wellen auf treibholzübersäte Strände, formt eine der wildesten Küsten der Welt.

Die nächste Fähre wird uns in den USA absetzen, deshalb sind die Grenzformalitäten schon hier abzuwickeln: Zwei weißlackierte Holzhäuschen, am ersten freundlich verabschiedet, am nächsten ebenso freundlich begrüßt, das war's schon. Ein paar weitere Radler treffen ein, meist offenbar »Inselhüpfer« auf Tagesfahrt. Wieder schieben wir unsere Räder durch das hochgeklappte Scheunentor der Washington-State-Ferry und und machen sie fest. Bug und Heck gibt es nicht, was die Anlegemanöver enorm verkürzt, da nicht gewendet werden muß.

Es ist schon später Nachmittag, als das Schiff ausläuft, leichter Wind vom offenen Meer schiebt ein paar makellos weiße Wölkchen herein und kräuselt die Oberfläche des Wassers. Es fällt schwer, hinunterzuschauen, so grell sind die Lichtreflexe. Dennoch starren wir fast beschwörend in die irisierende Welt der tanzenden Lichtpunkte und spitzen die Ohren, und dann, wirklich – wir werden belohnt! Dort, 100 Meter vor uns, ist die silbrig funkelnde Fläche unterbrochen durch drei, vier, nein, sogar fünf hohe, schlanke Dreiecke: *orcinus orca*, alias Schwertwal, immer noch am besten bekannt als Killerwal. Sie schwimmen umeinander her, scheinbar ziellos im Kreis, das Platschen der Schwanzflosse auf dem Wasser schallt gedämpft zu uns herüber. Die Dreiecke sind jetzt parallele Striche geworden – treibt sie die Neugier etwa noch näher heran? Plötzlich sind sie weg. Lange, bange Sekunden des Wartens: Werden sie sich noch einmal zeigen?

Schwertwale jagen in allen Weltmeeren, aber nur hier kommen sie, zumindest während des Sommers, in Küstennähe. Rund 300 Tiere, aufgeteilt in etwa 30 Rudel, sind um Vancouver Island gezählt und identifiziert worden. Rudelweise gehen sie hier auf Jagd und fegen die Meerengen nach Lachsen aus. Natürlich waren wir hoffnungsvoll gespannt auf solche Begegnung. Da sind die Dreiecke wieder, diesmal viel näher, zuerst noch klein, dann langsam größer werdend. Lange Rücken werden sichtbar, und mit seltsam weichem Knall platzen Geysire, spritzen Fontänen aus schwarz glänzenden Köpfen.

Ich kannte sie bis jetzt nur als Showstars in Aquarien, als küßchengebende, dressierte, auf der Schwanzspitze über das Wasser tänzelnde »Monster des Meeres«, und ging immer etwas ratlos aus solchen Vorführungen; ich konnte mir kein Bild machen von diesen Meeressäugern. Dieser Anblick hier in den pazifischen Küstengewässern, diese ruhig ihres Weges ziehende Phalanx der torpedoartigen Körper hinter dem bulligen Kopf und der zwei Meter hoch aufragenden Rückenflosse ist erregend und nimmt uns gefangen, stumm beobachten wir das Schauspiel. Ulrike klammert sich an die Reling und beugt sich weit hinüber, als wollte sie den Abstand verkürzen.

Nicht der mindeste Zweifel, wer der Herrscher der Meere ist! Kein Lebewesen traut sich an sie heran, sie aber können jeden fressen; die bis zu zehn Meter langen und acht Tonnen schweren

Orcas aus der Gruppe der Zahnwale stehen unangefochten an der Spitze der Nahrungspyramide. An übler Nachrede der Seefahrer und Zoologen war denn auch kein Mangel. Seemannsgarn und aberwitzige Hirngespinste drehten dem Schwertwal den Strick: Er verkam zum Mörderwal, zur Bestie, bei der sich Freßgier und Brutalität unheilvoll vereinigten.

Wohl wahr, seine Freßmanieren sind nicht fein: Mit einem Biß ist eine Robbe zerteilt und wird geschluckt. Kein Tier sollte sich irgendwo vor ihm sicher fühlen; selbst von Stränden holt er sich unvorsichtige Seelöwen oder schubst Robben von Eisschollen herunter.

Dem aber, dem er seinen üblen Ruf verdankt, begegnet er friedlich, und das nicht nur in Gefangenschaft! Ich habe die faszinierenden, unheimlichen Fotos vor Augen: Kajakfahrer, winzig, zerbrechlich, auf Tuchfühlung mit einem friedlich kreisenden Schwertwalrudel. Ein spielerischer Schlag mit der Schwanzflosse würde das Boot, ein Biß den Menschen zerteilen; sie tun es nicht – und keiner kennt den Grund. Nicht ein einziger Angriff auf Menschen ist verbürgt.

Zwei Jahrzehnte gewissenhafter wissenschaftlicher Beobachtung in den Gewässern von Vancouver Island haben die Orcas rehabilitiert. Das Mosaik aus unzähligen Einzelbeobachtungen bis hin zur Erforschung unterschiedlicher Dialekte der einzelnen Rudel ergibt das Bild eines intelligenten, sozial hoch entwickelten, faszinierenden Wesens. Mit einem Wort: Der Killer ist liebenswert.

Inzwischen sind sie bis auf 50 Meter längsseits herangekommen und begleiten uns – ein, zwei herrliche Minuten lang. Dann, wie auf Kommando, tauchen die Köpfe ein, hinter der Rückenflosse kräuselt sich die Wasseroberfläche jetzt stärker: Sie nehmen Fahrt auf; mühelos überholen sie das Fährschiff, und dann verlieren sich die schwarzen Dreiecke in den Weiten der Juan de Fuca Strait.

Ein Offizier in makelloser Kluft holt die Flagge mit dem roten Ahornblatt ein und setzt *stars and stripes*; soeben sind wir in die USA eingereist.

Das Wasser ist jetzt düster und glatt, unversehens sind wir wieder von Inseln eingekreist. Ein Verwirrspiel schwarzgrüner Buckel, wohin man auch schaut, große, kleine, Dutzende. Ich zähle sie nicht, lese später, daß es 172 sind. Ernst und streng wirkende Nadelbäume spiegeln sich in den stillen Wasserstraßen, darüber blauer samtiger Himmel.

Das ist der pazifische Norden! Zwei Kormorane überfliegen knapp das aufgewirbelte Kielwasser und sehen aus wie schwarze Bleistifte. Gelegentlich rücken die Inseln so eng zusammen, daß wir durch korridorähnliche Kanäle gleiten und in verwunderte Gesichter der Robben auf den Klippen schauen.

Die Sonnenscheibe ist schon lachsrot, als das Schiff nach scharfem Rechtskurs zum ersten Zwischenstopp in eine Bucht einläuft. An ihrem trichterförmigen Ende steigen schmucke Holzhäuser terrassenförmig die Hänge hinauf, eingefaßt von dunklem Wald. Eine hölzerne Uferpromenade auf Stelzen über dem Wasser umrankt eine Handvoll kleiner Geschäfte und Restaurants. Beherrschendes Zentrum aber ist der Hafen mit ein paar Lachsfangbooten und einer großen Anzahl herrlicher Segeljachten. Rumpf an Rumpf liegen sie abgetakelt an den Piers vor blauschwarzen Bäumen. Das weich flutende Licht der Abendsonne unterstreicht die Behaglichkeit des Örtchens.

»Wie heißt diese Idylle?«

Ulrike klappt die Karte auf. »Müßte Friday Harbor sein, zwei Stationen vorm Festland.«

»Wie wär's mit Dinner da drüben auf der Terrasse und einem Bed and Breakfast mit Blick aufs Meer?«

Diesmal nehme ich ihr die Antwort gleich ab: »Wir kommen nie nach Mexiko!«

Noch während ich das feststelle, stürmen wir schon die Eisentreppen hinunter aufs Parkdeck und suchen unsere Räder. Natürlich stehen sie jetzt doch am falschen Ende, ganz hinten, der lange Weg nach vorne zur Rampe ist zugeparkt. Kräftige Matrosenhände helfen Ulrike, ihr bepacktes Rad hoch in der Luft über die Autos hinwegzustemmen. Die Maschinen stampfen schon wieder, das Wasser gurgelt, und im letzten Moment hasten wir auf den Pier. Die Crew quittiert unseren schnellen Entschluß und Abschied mit Kopfschütteln und freundlichem Gelächter.

Da stehen wir nun ungeplant auf San Juan, der größten dieser Inseln, die der Gruppe ihren Namen gab. Natürlich ist gerade Freitagabend, wie sollte es in Friday Harbor anders sein? Wir sind nicht allein hier, und der Traum vom Bed and Breakfast im viktorianischen Häuschen zerrinnt endgültig nach dem achten Telefonat. Uns bleibt nur ein Campingplatz irgendwo auf dem Land.

Die Straße klettert steil aus dem Ort, und der Blick reicht jetzt weit hinüber zum Festland, wo die Eisfelder am Mt. Baker zartrosa im letzten Sonnenlicht schimmern. Wo beginnt der Norden? Ich muß unwillkürlich an Sommerabende in Alaska denken, an das gleiche milde, aber doch helle Licht. Es umreißt die Dinge, ohne sie zu überzeichnen.

Wir rollen über sanfte Hügel, durch buckliges Farmland: Ein paar Kühe laufen ein Stück mit. Nie war Europa so nah; die Wiesen, die dunklen Nadelbäume, das schwarzgefleckte Milchvieh, es ist fast wie im Schwarzwald.

Dieser schöne Flecken war zwischen 1859 und 1871 Schauplatz eines Grenzkrieges zwischen Amerika und Kanada, der einer Posse gleichkam. Die Staatsgrenze verlief damals wenig eindeutig im Gewirr der Wasserstraßen, und beide Nationen ermunterten ihre Bürger, auf den San-Juan-Inseln zu siedeln. Der Ärger begann, als der Staat Washington der Hudson Bay Company, die sich gerade mit Lachsverarbeitungsfabrik und Schaffarm eingerichtet hatte, Einfuhrzoll abverlangte. Die Zahlung wurde verweigert; prompt beschlagnahmte der Sheriff 34 Schafe und versteigerte sie zu lächerlich niedrigen Preisen. Außer Drohgebärden auf beiden Seiten passierte aber weiter nichts.

Der erste und einzige (!) Schuß des »Krieges« galt einem Schwein der Company, das sich fatalerweise an den Kartoffeläckern der amerikanischen Siedler mästete. Das war zuviel; beide Seiten bezogen jetzt Stellung, 2000 britische Marinesoldaten schauten, sicherheitshalber von der Reling aus, wütend auf 460 an Land verschanzte amerikanische Soldaten.

13 Jahre lang unterhielten England und Amerika Militärposten mit je einhundert Mann Besatzung. Die »pazifische Stimmung«

machte auch vor ihnen nicht halt: Nur 16 Kilometer voneinander entfernt und ohne ernsthaften Streit, überboten sie sich gegenseitig mit kostspieligen Gastgelagen.

Heute sind English Camp und American Camp fast ein Muß für die Touristen. Neu war diese Art der »Kriegsführung« hier allerdings nicht. »Wir kämpfen nicht mit Waffen, wir kämpfen mit Besitz«, war eine Redensart der Totem-Indianer an der pazifischen Nordwestküste. »Potlach« hieß eine der wichtigsten Zeremonien, bei der Häuptlinge um höchstes Ansehen rangen: Ungeheure Nahrungsmengen wurden angeboten und verzehrt, große Teile vom Besitz sogar an Feinde verschenkt, wichtige Statussymbole wie Ölvorräte oder Kupferplatten zerstört mit nur einem Ziel: dem Rivalen vorzuführen, daß man es sich leisten konnte.

Es ist schon dunkel, als wir das Zelt aufstellen. Aus dem so schön ausgemalten Abendessen wird auch nichts: Ein Sandwich, eine Büchse Bier und Schokoladenkekse waren alles, was das Lädchen an der Rezeption hergab. Dafür sitzen wir wieder unter den hohen Bäumen des pazifischen Nordwestens und atmen ihren würzigen, befreienden Duft, unter unseren Füßen knistern Nadeln und knakken Zapfen.

Der Morgen konnte nicht schöner sein. Ein Specht in der Nähe hat uns früh mit lautem Hämmern geweckt; ich bin ihm fast dankbar dafür. Streifen schrägen Sonnenlichts funkeln durch die Bäume und machen den Boden zum Flickenteppich. Eichhörnchen flitzen umher und suchen unermüdlich die Fichtenzapfen nach Samen ab. Es dauert nicht einmal eine Minute, und die kompakte Frucht ist in einen Schuppenhaufen zerlegt.

Wir sitzen an den uns so wohlvertrauten Holztischen, dieser grundsoliden und genial einfachen Einheit einer roh gezimmerten langen Tischplatte mit einer ebenso langen Bank an jeder Seite. Das krümelnde Keksfrühstück will bei uns nicht recht rutschen, aber wohin wir auch schauen: Schwarz glänzende Augenpaare schauen zurück. Vögel und Eichhörnchen in den Ästen und am Boden lauern nur darauf, daß wir endlich verschwinden und hoffentlich etwas für sie übriggelassen haben.

Diese Inseln scheinen das Mekka aller Radfahrer aus Vancouver und Seattle zu sein. Eben legt die Fähre an und entläßt einen ganzen Pulk fröhlicher Menschen jeden Alters mit bunten Rädern und fluoreszierenden Radlerhosen; im Gegenzug schiebt uns die Schlange der Tagesausflügler die Gangway herunter.

Vom Meer her weht eine leichte Brise. Ein Nebelstreifen liegt auf dem Wasser, und die ausgestreuten Inseln scheinen auf ihm zu schwimmen. Das Licht ist gläsern, ohne Wärme, die Welt um uns monochrom zu dieser frühen Stunde, als wäre sie blau angestrichen und lediglich Hintergrund für die maritime Zweifarbigkeit. Blendend weiß leuchten die Segel vorbeigleitender Jachten. In eiliger Geschäftigkeit huschen weiß gestrichene Fährschiffe über das Wasser. Sie erinnern mich an wohlproportionierte Sahneschnittchen.

Aus dem Dunst schält sich der schneebedeckte Gipfel des Mt. Baker, unwirklich weiß und schön, als wolle er gleich in den Himmel entschweben.

Zweimal macht die Fähre noch fest an den Inseln mit verheißungsvollen Namen wie Orcas oder Lopez. Diesmal widerstehen wir tapfer der Versuchung, es den anderen Radlern gleichzutun und wieder von Bord zu gehen. Wir halten durch bis Anacortes auf Fidalgo Island.

2 Washington – Regenwälder und wilde Küste

Der Autoverkehr hat uns wieder. Zwar radeln wir vorläufig noch auf Inseln, aber das Festland ist nah und hat Brücken geschlagen. Das Inselgefühl will sich nicht einstellen. Kurvenreich, in stetigem Auf und Ab verläuft die Straße, neben uns der Ausflugsverkehr.

Dichter Wald wechselt mit freien Blicken über das dunkle Wasser des Puget Sound zu fernen Gipfeln der Olympics. Im Nordosten wachsen die blanken Schilde von Mt. Vernon und Mt. Baker aus schwarzgrünen Wäldern. Von Nordkalifornien bis hinauf nach British Columbia erstreckt sich eine Kette schneebedeckter Vulkane, die hier den prosaischen Namen Kaskaden trägt. Viele von ihnen gehören dem »Pazifischen Feuerring« an, jener Schwachstelle der Erdkruste, an der entlang drei Viertel aller tätigen Vulkane der Erde aufgereiht sind.

Diese Bergkegel sind sehr eindrucksvoll in ihrer Gestalt und dazu noch höchst lebendig. Der verheerende Ausbruch des Mt. St. Helens im Sommer 1980 ist noch lebhaft in Erinnerung. Amerikas Westküste, von Kap Hoorn bis hinauf nach Alaska, gehört geologisch zu den unruhigsten Gegenden der Erde. Zwei große Platten, die pazifische und die amerikanische, schieben sich übereinander, driften gegeneinander und reiben sich an ihren Rändern: Die Erde bebt, Vulkane brechen aus.

Von einer hohen Brücke zwischen den Inseln Fidalgo und Whidbey schauen wir hinunter auf gurgelndes Wasser, das gerade von der Flut hereingedrückt wird. Wir beobachten Weißkopfseeadler in ihrem Nest, nicht weit unter uns in den Wipfeln einer hohen Fichte. Einer der beiden Greife klettert aus dem Nest heraus, stößt sich am Ast ab und gleitet mit weitausladenden, majestätischen Flügelschlägen über die Wirbel und Strudel hinweg auf das offene Wasser zu. Wie Finger krallen sich die langen, schmiegsamen Federn an den Spitzen seiner Schwingen in die Luft. Minuten später ist er wieder da. Schwerfällig und angestrengt pumpt er sich hinauf zum Nest, in den Fängen einen kapitalen Lachs.

Es fällt schwer, nicht zu bleiben. Überall locken Strände, Seen, Aussichtspunkte zum Verweilen, wollen Wege und Leuchttürme erforscht werden. Tage, Wochen könnten wir hier zubringen.

Ein letztes Mal nimmt uns eine Fähre mit, diesmal über den Puget Sound, und dann sind wir endgültig wieder auf dem Kontinent: Port Townsend, Washington. Wir schieben die Räder die Hauptstraße entlang und freuen uns an der Behaglichkeit des viktorianischen Stadtbildes mit seinen verspielten Hausfassaden, den Kunstgalerien und skurrilen Trödelläden.

1850 gegründet, wurde der Ort schnell ein wichtiger Seehafen; Mitte der neunziger Jahre war es schon wieder vorbei. Seattle erhielt den Zuschlag als westlicher Posten der Union Pacific Railroad. Port Townsend verfiel in Bedeutungslosigkeit, die Konkurrenz machte das Rennen. Heute ist Seattle die Stadt, die nur einen Nachteil hat: Alle wollen hin!

Im Supermarkt berät uns die Kassiererin in größter Weitschweifigkeit, unbedingt im Fort Worden State Park zu übernachten, es sei der schönste weit und breit. Die Wartenden in der Schlange nehmen es nicht übel, im Gegenteil. Sie diskutieren lebhaft, welches denn nun der günstigste Weg für uns sei. Großzügig kaufen wir ein für ein opulentes Dinner. Salate, Steaks, Joghurt, Obst und Büchsenbier bringen die Packtaschen fast zum Platzen, aber nur ein paar hügelige Kilometer trennen uns von den heißgeliebten Campingtischen.

Man hat nicht übertrieben: Kilometerlange Strände an der Juan de Fuca Strait, draußen die Inseln wie ausgestreut unter einem hohen Himmel, ein Leuchtturm, ein schön restauriertes Fort. Störend ist nur das Schild an der baumelnden Kette über der Straße: *campground full.*

Wir stehen noch etwas unschlüssig herum, als ein freundliches Ehepaar auf uns zusteuert und vorschlägt, ihren Zeltplatz einfach zu teilen. Amerikanische Hilfsbereitschaft und Unkompliziertheit – ein ganzes Kapitel sollte man ihnen widmen. Mit Mühe können wir verhindern, daß die beiden für uns sogar ihr Zelt abbauen; sie werden heute nacht im Wohnmobil ihrer Freunde auf dem Nachbarplatz schlafen. Zu guter Letzt werden wir noch zum Umtrunk am

Lagerfeuer eingeladen. Gedämpfte Fröhlichkeit dringt durch die Dunkelheit, zahllose kleine Feuerchen knistern, und bald ist auch schon Schluß. Wie auf ein geheimes Zeichen ersterben alle Geräusche.

Unsere Gastgeber, Marc und Carol, kommen aus Seattle, das nur eine knappe Autostunde entfernt ist. Sie verbringen jedes Wochenende irgendwo auf der Olympic-Halbinsel, mal allein, mal mit Freunden, Hauptsache draußen. »Land der tausend Wonnen«: Wäre das eine maßlose Übertreibung für Washington, *the evergreen state*? Bestimmt nicht. Was bleibt, ist die Qual der Wahl: Segeln in den versteckten Buchten des Puget Sound oder Klettern in den Felswänden von Olympics und Kaskaden; vielleicht sogar mit Eisausrüstung hinauf zum Gipfel des Mt. Rainier, wo sich Himalaya-Bezwinger den letzten Schliff holen.

Eine regelrechte Outdoorwelle hat das Land erfaßt, Trekking- und Fahrradläden schießen aus dem Boden, und die Hersteller von Campmobilen können sich über schwindelerregende Zuwachsraten freuen.

Soll man übers Wochenende einfach mal aus der Welt verschwinden und sich verschlucken lassen von den Regenwäldern oder doch angeln gehen? Wenn ja, wo? Im Meer oder an den unzähligen kristallklaren Flüssen und Seen? Eine Legion Fischarten beglückt Fischer und Sportangler. Die Regelungen sind großzügig, sehr zum Ärger der Berufsfischer. Grenzenlos ist die Jagd zwar nicht, aber die tägliche Beute übertrifft immer noch jedes Anglerlatein.

Meist geht es um den Lachs, den König der Fische. Zwischen Mai und November steuern silberne Schwärme der verschiedenen Lachse aus den Weiten des Pazifiks die Küsten an. Der Weg zu den flachen Gewässern ihrer Geburt ist ein Zug in den Tod. Sind sie draußen im Meer den Schwertwalen, Seelöwen, Robben und Ottern entkommen, lauern jetzt Bären und Angler.

Wenn die Lachse das Süßwasser erreichen, stellen sie die Ernährung ein. Dabei ist es gleichgültig, ob die kräftezehrende Reise stromauf über Klippen und kleine Wasserfälle nur wenige Kilometer oder – wie bei einigen Königslachsen des Yukon River – 3500

Kilometer lang ist. Am Ort der Geburt schließt sich der von der Natur vorbestimmte Kreis. Sind Milch und Rogen reif, scharrt das Weibchen gegen den Strom schwimmend mit Schwanzflosse und Körper eine Laichgrube in den Kiesgrund. Dort hinein legt es die Eier, zwischen 2000 und 6000 Stück, das Männchen befruchtet sie mit seiner Milch und vertreibt auch schon mal lästige Konkurrenten. Die klebrigen Eier haften am Kies und werden vom Weibchen sorgfältig bedeckt. Damit hat sich die Lebensaufgabe der Eltern erfüllt. Sie sind jetzt völlig ausgelaugt; der vorgeschobene Kiefer verzerrt den Kopf zur häßlichen Fratze, sie werden von Pilzen befallen, sterben wenige Tager später. Aus den verrottenden Körpern wachsen Algen und Plankton: frische Nahrung für die Brut.

Je nach Wassertemperatur, drei bis fünf Monate später, ist der Dottersack verbraucht, und die geschlüpften Jungen bahnen sich einen Weg aus dem Kies. Bis dahin sind die Larven zerbrechliche, durchscheinende Gebilde mit großen Augen und dem Dottersack am Hals. Ihr weiterer Lebensweg ist abhängig von der Art und verläuft recht unterschiedlich. Buckel- und Ketalachs, beide klein und kurzlebig, schwimmen sofort ins Meer hinaus; Silberlachse, die sich erst zur Laichzeit rot färben und mit ihren kraftvollen Sprüngen Anglerherzen erfreuen, bleiben für ein Jahr in ihrem Heimatfluß, während der stromlinienförmige Sockeye sich bis zu drei Jahren in einem See tummelt, ehe er die jahrelange Reise durch den Pazifik antritt.

Ungebrochener Traum aller Angler aber ist der Königs- oder Chinooklachs: sieben Jahre alte, anderthalb Meter lange, hundert Pfund schwere Exemplare wurden schon gefangen.

Den Berufsfischern mit ihren Kuttern wird nicht viel Zeit eingeräumt bei der nervenaufreibenden Hatz auf den Lachs: Zwischen Eröffnung der Fangsaison und dem Abwinken liegen genau 24 Stunden; genug Zeit jedoch, um den ganzen Jahresprofit über die Bordwand zu holen. Wenn das ringförmige Netz von unten zur Tasche gezogen wird, ist es häufig so voll, daß es nicht mehr über die Achternrolle eingeholt werden kann, sondern mit Keschern leergeschaufelt wird. Viele tausend klatschen so aufs Deck, jeder Fisch ein Zwanzigdollarschein.

Amerikaner sind generell stolz auf ihr Land, aber immer ganz besonders angetan von dem Bundesstaat, aus dem sie kommen oder in dem sie gerade leben. Vor allem aber erleben die meerverliebten Bewohner der Küsten ihren Lebensraum sehr bewußt. Ich habe mit Amerikanern gesprochen, die die Stadt, in der sie lebten, am liebsten zum Teufel gewünscht hätten, bin in der Wüste Menschen begegnet, die sie nicht verstanden, und in den Bergen Bewohnern, die sich nicht mit ihnen einließen. Ganz anders die Menschen an den Küsten: Wer am Meer angekommen ist und hier seinen Platz gefunden hat, will nie mehr weg, kann sich beim besten Willen keinen anderen Platz zum Leben vorstellen.

Unser Zeltnachbar Marc gibt uns am andern Morgen eine Lektion in Botanik. Er schleppt uns in den Wald und wird nicht müde, uns jeden Strauch, jeden Baum, jeden Pilz zu erklären. Wie sehr er sein Land liebt! Er arbeitet als Computeringenieur bei Boeing, aber hier zeigt er sich als exzellenter Biologe. Wir kämpfen uns durchs Unterholz, kriechen auf allen vieren über den Boden und verlieren uns immer tiefer in faszinierenden Details. Zwischendurch examiniert er uns streng, aber augenzwinkernd, ob wir denn auch alles behalten haben. Zum Abschied tauschen wir noch unsere Adressen aus, eine freundlich-unverbindliche Geste in Amerika, die nicht überschätzt werden sollte. Aber, *you never know...*

Es rollt gut bei uns. Der Tag ist noch kühl und klar, die Straße ein schmaler, gewundener Schnitt im grünen Dickicht. Die Beine gewöhnen sich an den Rhythmus der *ups and downs,* ein Griff an den Rahmen, und die Kette findet jetzt zielgenau und zuverlässig das passende Ritzel. Längst haben wir uns an das Gepäck gewöhnt, wir beherrschen die Räder auch in schnell gefahrenen engen Kurven; selbst Freihändigfahren zum Entspannen von Rücken und Nacken ist kein Problem mehr.

Moderate Anstiege wechseln mit sausenden Talfahrten. Wir werden immer mutiger und gehen immer geiziger mit der »ehrlich« erkämpften Höhenenergie um: Flach liegen wir auf dem Rad, die Finger ruhig auf den Bremshebeln. Ab und zu greifen wir an die Bremsen, vielleicht nur zur Senkung des Adrenalinspiegels berühren die Bremsklötze knappe Sekunden die Felge. Wir verlieren uns bei den Abfahrten aus den Augen, jeder hat mit sich selbst zu tun. Der Schweiß ist im Nu getrocknet und das Glücksgefühl euphorisch, wenn der Fahrtwind in den Ohren braust und Tränen aus den Augen drückt. Man muß sich kontrollieren; der Schritt zum Rausch ist nur ein kleiner, und wir sind nicht allein auf der Straße. Der schwerere, und das bin ich, ist der schnellere. Schließt Ulrike in der Ebene wieder auf, hat auch sie den Kitzel noch im Gesicht.

Das Sträßchen mündet in eine Straße, und diesmal ist es keine der beliebigen, deren Nummern man kaum registriert. Es ist eine Zahl, die Klang hat bei den Eingeweihten: 101. Für den Nichtkenner eine beliebige Zahl, eine Primzahl immerhin, ein binärer Code vielleicht. Ich gebe zu: Einhunderteins klingt nach gar nichts (wenn man es gut meint) und nach preußischem Stechschritt (wenn man ehrlich ist). Ausgesprochen aber im weich fließenden Akzent des amerikanischen Westens klingt *one-o-one* plötzlich nach Wonne, nach Verheißung. Man hört das Meer rauschen und sieht vor sich Wälder und Buchten, Kaps und Leuchttürme. Bis hinunter nach Nordkalifornien behält sie Charakter, danach immerhin noch ihren Namen, um dann irgendwo vom urbanen Alptraum Los Angeles verschluckt zu werden.

»Fat Smitty's Restaurant« an der Einmündung hat geöffnet. Das Gebäude selbst verschwindet fast hinter einem bunten Plastikhamburger, der durch seine ins Groteske gesteigerte Größe wie eine Obszönität in fünf Lagen wirkt. Ein Pulk Fahrräder lehnt bereits an einer ebenso riesigen Colaflasche, und auch unsere kalorischen Vorbehalte sind längst geschwunden: Die nächsten langen Steigungen würden schon bald neuen, köstlichen Hunger in uns heranreifen lassen! Eben kommt der Radlertrupp gesättigt und zufrieden auf klappernden Rennschuhen vom Lunch, angeführt von einer untersetzten, älteren Frau. Mit Feldwebelstimme erteilt sie letzte Anweisungen, die eher Kommandos ähneln, und artig besteigen weißhaarige Männer und blondgelockte Teenager die Räder. Die wachen Augen in dem bärbeißigen Gesicht springen wie beim Appell von Radler zu Radler, dann stößt der Arm in die Luft – mir nach! Schwatzend setzt sich der Troß in Bewegung und klettert als bunter

Kalorische Vorbehalte sind Radfahrern fremd. Der Mensch lebt nicht vom Brot allein – er braucht auch Fett

Bandwurm den nächsten Hügel hinauf. Wir sind platt; so viel Disziplin haben wir den Amerikanern nicht zugetraut.

Die 101 führt nach Westen, in großem Bogen um die Olympic-Halbinsel herum. Überall Farmen, Fabriken, kleinere und größere Orte, viel Verkehr auf der Straße – ein dichtbesiedeltes Land. Wir rollen zügig, gleichbleibend langsam von einer Blechkarawane überholt, die neben uns dahingleitet.

Wir sollten nicht klagen: Heute abend ist das Wochenende vorbei, und morgen wird es sicher ganz anders aussehen. Vom Fahrrad aus wird jedes Auto lästig, aber wirklich gefährdet fühlen wir uns nicht. Amerikas Automobilisten halten den Weltrekord im Langsamfahren, und gnadenlose Nahkämpfe auf der Überholspur wie auf deutschen Autobahnen sind ihnen fremd. Auch die Porsches und GTIs haben ihren Waffenschein abgegeben und schwimmen brav mit im Kollektiv der Fahrzeugflut. Es scheint fast, als führen sie gar nicht selbst, sondern würden von irgendeinem geheimen Antrieb mit gleichbleibend 90 Kilometer pro Stunde bewegt.

In Sequim gönnen wir uns Erholung und einen Abstecher zum Meer. Farmen, Weiden, Viehgatter: pastorale Stimmung als Kontrastprogramm auf dem Weg zur Bay. Wir stellen die Räder auf einem Parkplatz ab, wandern ein kurzes Stück durch einen dichten, sattgrünen Regenwald und lassen uns durch einen prachtvollen Blick belohnen.

Wie ein gewaltiger gekrümmter Degen ragt ein dünner Wurmfortsatz vom Land gute sechs Kilometer hinaus in die Juan de Fuca Strait: der Dungeness Spit. Dieser leuchtend gelbe Sandstreifen schafft zwei verschiedene maritime Lebensräume. Blau mit einer zarten Brandung ist die dem Meer zugewandte Seite; grün, fleckig, marschig die Leeseite. Diese Wattlandschaft ist Durchzugsquartier für riesige Schwärme von Enten und Seevögeln auf ihren jahreszeitlichen Zügen. Wir folgen dem einladenden Weg das Kliff hinunter und der sachten Krümmung der Nehrung fast bis ans Ende. Ein Saum von Treibholz läßt sie noch schlanker erscheinen, und ist man erst weit genug draußen, hat man das Gefühl, wie ein Schiffbrüchiger auf einem winzigen Eiland mitten im Meer ausgesetzt zu sein. Krebse rennen vor unseren Füßen, Möwen watscheln faul und mißmutig aus dem Weg.

Die Straße verläuft nahe am Meer, aber wir fühlen uns im gnadenlosen Auf und Ab wie auf einer Radtour mitten im Gebirge. Dunkel steigt es im Südwesten auf; die Gipfel sind auch jetzt im Hochsommer noch mit Firnfeldern bedeckt. Jenseits der Meerenge, weit im Norden, ragt blaßblau die Silhouette von Vancouver Island aus dem Wasser.

Ulrike sieht auf die Karte und zeigt dann hinüber: »Genau da drüben müßte Port Renfrew liegen; da sind wir gewesen!«

Unsere Gedanken schweifen zurück ins Vorjahr, zur Wanderung auf dem abenteuerlichen West Coast Trail, dessen Geschichte auch sehr bewegt ist:

Mehr als 200 Schiffe zerschellten seit 1880 an den Felsenriffen vor der Küste, dem »Friedhof des Pazifiks«. Bereits 1880 wurde ein provisorischer Pfad durch die Wildnis geschlagen, um Schiffbrüchige bergen zu können. 1906 lief der Dampfer »Valencia« im schweren Januarsturm auf Grund, fast die gesamte Besatzung kam ums Leben. Danach wurde der schlüpfrige Pfad mit über 20 Brükken, Hütten mit Notausrüstung und einer Telefonleitung zu einem brauchbaren Rettungsweg ausgebaut. Als die Navigation immer besser und die Schiffe immer sicherer wurden, versank er wieder im wuchernden Grün. Die kanadische Parkbehörde weckte ihn vor 20 Jahren aus dem Dornröschenschlummer und richtete ihn als Wanderpfad her. Eine Woche lang stapften wir durch sumpfige Regenwälder, liefen, wenn die Gezeiten es zuließen, über steinige Strände, hangelten uns in wackeligen Gondeln über Bäche, rutschten glitschige Abhänge herunter, sprangen über Bäume und Felsspalten. Es war eine unserer schönsten Wanderungen, und beide spüren wir jetzt, daß wir unser Herz an den Pazifik verloren haben, immer wieder hierher zurückkehren werden.

Der Tag war sehr heiß, und jetzt am Nachmittag hat es immer noch nicht merklich abgekühlt. Wir sind verschwitzt und durstig. Bald muß doch Port Angeles, größte Stadt und Zentrum dieser Region, kommen. Die *billboards*, diese großformatigen Reklametafeln, stehen immer dichter. Die armen Autofahrer: Sie können bei aller gebotenen Langsamkeit dieses flankierende Programm der Straße nur aus den Augenwinkeln für Bruchteile von Sekunden wahrnehmen. Wir aber haben Zeit. Wir lesen sie im Vorbeiradeln von oben ab bis hinunter zur *call free*-Nummer. Die Werbestrategen lassen ihre umsorgten Schäfchen auf den Straßen nie im unklaren darüber, wo sie gerade sind, oder besser gesagt, wie weit sie es noch haben nach X, Y oder Z. Natürlich taucht dann hier nicht der Name einer Ortschaft auf, sondern eines Produkts, einer Hamburgerkette, einer Tankstelle, irgendeiner Touristenfalle oder der besten Pizza in der

Stadt. Für einen Autofahrer mag die getreulich protokollierte Annäherung etwas zu schnell gehen, aber als Radfahrer bin ich insbesondere den Burger Kings wehrlos ausgeliefert und reagiere wie der Pawlowsche Hund: *8 miles, 2 ½ miles, 1 mile, next ahead*... und wie automatisiert sitzen wir wieder am Tisch dieser unsäglichen Restaurants, wo das, was wie Holz aussieht, garantiert aus Plastik ist und wo man den reichlichen heißen Kaffee braucht, um sich damit gegen die Grabeskälte der Klimaanlage zu behaupten. Die immergleichen Farne und Hängepflanzen sind giftgrün, makellos und täuschend echt: Gelegentlich muß ich tatsächlich hineinkneifen, um zu sehen, ob die Plastikwelt noch in Ordnung ist. Sie ist es immer. Dennoch, ich kehre hier nicht ungern ein, nehme Platz auf den im Boden verschraubten Stühlen. Ich esse meist einen doppellagigen Whopper, dessen Brötchenhälften sich anfühlen wie Mullpäckchen und dessen enorme Höhe einen einigermaßen gesitteten Verzehr von vornherein ausschließt. Ich hoffe immer, daß mir keiner zusieht, schaue anständigerweise selbst auch nicht zu anderen hin. Essen als peinlicher Vorgang? Aber eines muß man ihnen doch lassen: sie schmecken! Es ist wohl wie beim Wein, der soll auch dort getrunken werden, wo er wächst. Nirgends auf der Welt habe ich auch nur das geringste Verlangen nach Hamburgern, aber hier esse ich meine Whopper mit gleichbleibendem Appetit. Vielleicht hängt es einfach mit dem häufig zitierten *America-feeling* zusammen.

Kaum sind wir aus der quirligen Holzfäller- und Hafenstadt heraus, sind wir fürs erste vom Verkehr erlöst. Wer hier weiterreist nach Westen, hat es weit bis zum nächsten größeren Ort: Die Olympic-Halbinsel ist bis heute in größten Teilen Wildnis geblieben. Riesig sind die Zonen, die von keiner Straße erschlossen werden. Die 101 schlägt einen respektvollen Bogen um das undurchdringliche Gewirr der Berge und Schluchten. Am nördlichen Rand der Olympic Range führt sie zunächst weit nach Westen, ehe sie sich in Küstennähe nach Süden wendet. Ein Dutzend kurzer Stichstraßen erlauben bestenfalls einen flüchtigen Blick in das unerschlossene Innere der Halbinsel.

Bis 1959, als Alaska Bundesstaat wurde, war hier die Nordwestecke der Vereinigten Staaten; ein wenig abgehängt, weitgehend unerschlossen. Vor 100 Jahren war Amerikas Ostküste schon längst besiedelt, die meisten entlegenen Gebiete waren erforscht und vermessen, aber noch nie war eine Durchquerung der Olympic Peninsula gelungen.

»Washington hat sein großes unerforschtes Gebiet wie das Innere Afrikas«, schrieb die Seattle Press im Jahre 1889 – und schickte Anfang Dezember gleich die »Press Exploring Expedition« auf die abenteuerliche Reise. Das wilde Bergland verlangte den Eindringlingen alles ab: Kälte, Hunger, endlose Strapazen mußten sie ertragen, bevor sie im Mai des darauffolgenden Jahres in Aberdeen eintrafen. Es war eines der vielen Abenteuer bei der Erforschung des amerikanischen Kontinents. Die fünf Männer der Expedition haben Washingtons Geschichte mitgeschrieben, haben ihr Vorhaben erfüllt: »das Geheimnis vor der Türschwelle von Seattle zu lösen«.

Wir sind inzwischen fast allein auf der Straße. Mit trägem Flügelschlag erhebt sich ein Bussard von einem Hasen, den vielleicht das letzte Auto überfahren hat. Das Tal wird enger, die Straße klettert hoch an steilen Hängen. Linker Hand, tief unter uns, wie in einem Loch, zeichnet der Lake Sutherland die Konturen grüner Bergflanken nach. Gelbe Strahlenbündel der Sonne berühren noch eine Reihe Wochenendhäuschen am Wasser und lassen sie leuchten, der See selber ist dunkel und still. Danach sind wir wieder allein mit der Straße und den unermeßlichen Wäldern, in einer Wildnis, die weder freundlich noch feindselig ist. Ich genieße die Vorstellung, daß irgendwo im grünen Dickicht Pumas auf der Jagd sind; vielleicht lauert das geschmeidige Raubtier gerade sprungbereit auf einem Ast auf einen Wapitihirsch. Ein Land, das diese Tiere hervorbringt, ist ein gesundes, robustes Land. Wapitis sind die größten Säugetiere an der Nordwestküste und nach dem Elch auch die größten Vertreter der Hirschfamilie. Sie kamen aus Sibirien über dieselbe Landbrücke, die schon Mammuts und prähistorische Vorfahren der Indianer genommen hatten. Heute lebt hier die größte noch existierende Population, etwa 12000 bis 14000 Tiere, und auch der Löwe der

Neuen Welt, der scheu und behende seines Weges geht, soll hier häufiger vorkommen als in anderen Bundesstaaten.

Endlich erreichen wir das Ostufer des Crescent Lake. Ein Stichsträßchen führt hinunter zu einem steinigen Strand. Eine Indianerfamilie picknickt neben ihrem zerbeulten Pick-up, dem kleinen Lastwagen, sonst ist niemand hier. Die Stimmung ist ausgelassen; Bierbüchsen liegen herum, Kinder tollen, zwei große Hunde verfolgen sich abwechselnd und fegen im Zickzack durch den Kies, der Grill zischt und qualmt.

Wir schieben die Räder ein Stückchen weiter, stellen sie an einen großen Baum, und schon sind wir drin im herrlich erfrischenden Wasser: verdiente Belohnung nach einem langen Tag. Das klare Wasser ist kalt und köstlich. Am anderen Ende des Sees hat die Sonne hinter den Bergen den Himmel rot lackiert, eine Entenmutter mit einer Schar Küken im Schlepptau kreuzt unbeirrt unsere Bahn.

Am Ende des Strandes finden wir hinter umgestürzten Bäumen und Erlengestrüpp einen verschwiegenen Platz für unser Zelt. Nicht weit davon sitzen zwei Mädchen an einem Holzfeuer. Als es erlischt, gehen sie, kurz darauf hören wir sie im Auto wegfahren. Wir sind jetzt ganz allein an diesem düsteren, stillen See. Ein umgestürzter Baum ragt weit über das Wasser hinaus; auf allen vieren erklettern wir sein Ende. Der schöne Platz hoch über dem Wasser entschädigt für die Einfallslosigkeit unseres Abendbrotes: für jeden eine Dose Bier.

Ein fahler Mond schiebt sich über die Bergkette im Südwesten und gießt eine Silberdusche auf den See. Die Stille wird nur unterbrochen durch das gelegentliche Planschen eines Fisches oder einen leisen, verschreckten Vogellaut. Es ist, als seien wir allein auf der Welt.

Das Kontrastprogramm am nächsten Morgen konnte nicht größer sein. Wir freuten uns auf eine genüßliche, flotte Fahrt 16 Kilometer weit zum nächsten Frühstücksplatz. Die Straße würde flach verlaufen, sorgfältig Bucht für Bucht das Südufer des großen Sees nachzeichnen; was könnte schöner sein?

Ein Gewirr aus Bergen, Seen und Schluchten – kaum erschlossene Wildnis auf der Olympic-Halbinsel

Es wird eine Horrorfahrt. Ein großes Schild am Straßenrand ermahnt Radfahrer zu größter Vorsicht – und die Demonstration folgt sofort: Aus der blinden Kurve vor uns kommt ein Langholz-Transporter herumgeschossen, hoch beladen mit wuchtigen Baumstämmen. Im Zentimeterabstand fegt er erst um die Felskante und dann so haarscharf an meinem linken Ohr vorbei, daß ich unwillkürlich hinfasse und froh bin, daß es noch da ist. Der Schreck ist noch nicht verflogen, als wir das gleiche böse Geräusch, wie von einer kreischenden, groben Säge, abermals hören, diesmal hinter uns.

Wieder ein *logging-truck*, diesmal leer, sein Anhängergestell hat er gleich hinter dem Führerhaus aufgeladen. Der Fahrer jagt um die Kurven, als würde er ein Go-Kart befehligen und könnte einen Eid darauf ablegen, daß ihm nichts und niemand entgegenkommen wird.

Jetzt geht es Schlag auf Schlag. Wie die wilde Jagd stürmen sie um die unübersichtlichen Ecken uns entgegen; vollbeladene Ungetüme auf dem Weg in die Sägemühlen von Port Angeles, in Gegenrichtung die vergleichsweise zierliche Huckepackversion. Unterschiede in der Geschwindigkeit kann ich nicht erkennen; leer oder beladen, es klingt immer nach Vollgas.

Manchmal allerdings wird aus dem schrillen Diskant übergangslos ein sonorer Baß. Dann sind sich zwei Laster in einer schwierigen Kurve begegnet und drosseln in kollegialem Respekt ihre sausende Fahrt. Alle anderen auf der Straße sollen sehen, wo sie bleiben, sie stören lediglich die Holzabfuhr. Vor allem wir armseligen Radfahrer mußten ihnen wie höchst überflüssige Tagediebe vorkommen. »Zeit ist Geld«, und Ausweichmanöver kosten Zeit.

Schade um die schöne Strecke mit den farbenfrohen Sträuchern am Ufer dieser dunklen, weiten, stillen Wasserfläche. Der See füllt eine sehr tiefe Senke aus, die von Gletschern hinterlassen wurde, und der Kranz von düsteren Bergen an seinen Ufern steigt fast senkrecht aus dem Wasser empor.

Wer aus dem überfüllten Europa zum ersten Mal nach Amerika kommt, ist häufig irritiert von soviel »Natur pur«. Wo bleibt der Mensch? Das Auge sucht beständig nach Zeichen des allzugut Vertrauten: dem Dampferverkehr, dem Kaffeegarten, dem Kiosk, dem Sessellift; kurz, nach Zeichen der »Erschließung« eines so schönen »Naherholungsgebietes«.

Hier, und wohl ganz besonders in Washington, ist es anders. Wohin der Blick auch fällt, sieht man riesige Bereiche unberührter Landschaft.

Immerhin körperlich unversehrt, erreichen wir das Westufer. Hier gibt es einen Campingplatz und statt eines Coffee-Shops wenigstens einen Laden, der auch heißen Kaffee verkauft. Wir sind beide nicht anspruchsvoll – gibt es etwas, ist es gut, gibt es nichts,

»Natur pur« im Nordwestzipfel Amerikas. Wohin man auch blickt, die Natur blickt zurück

nun, dann ist es auch gut. Verhungern werden wir schon nicht, so heißt unsere Devise, und mit einem großen Pappbecher dampfenden Kaffees in der Hand sieht die Welt eigentlich immer ganz manierlich aus.

Zufrieden sitzen wir auf einer Holztreppe und schauen dem Badebetrieb zu, der jetzt mit der höher steigenden Sonne einsetzt. Familien kommen mit Sack und Pack und fröhlichen Kindern, und im Nu ist der kleine Kieselstrand unter farbenfrohen Tüchern und Luftmatratzen verschwunden. Aus dem Dickicht der Bäume am Ufer leuchtet hin und wieder ein Stück Zeltbahn.

Die kraftvolle Sonne hat uns jetzt so aufgewärmt, daß wir noch einmal über den flachen Strand mit den moosigen Kieseln staksen und weit in den See hinausschwimmen. Das Wasser erscheint viel kälter als gestern abend, und völlig unterkühlt sitzen wir eine halbe Stunde später auf dem Rad. Steil führt die Straße über den Rand der großen Schüssel des Crescent Lake hinweg, und die anstrengende Fahrt bergauf wärmt uns schnell wieder auf.

Auf der Paßhöhe halten wir an und freuen uns. Bis zum Pazifik, so stellen wir uns vor, wird es jetzt nur noch bergab gehen, hinunter ins Soleduck Valley. Wohl wahr, aber wir haben nicht das mindeste davon! Ein steifer Westwind, der sich bisher in den Schluchten verlor, bläst uns ins Gesicht, und so strampeln wir mißmutig, Meile um Meile, das sanfte Gefälle ab. Die Straße ist wie mit dem Lineal durch den Wald gezogen, genau in der Windrichtung. Wir fühlen uns wie in einem Windkanal.

Es hilft nichts; je entschlossener man es angeht, um so schneller ist man durch. »25 Kilometer bis Sappho, bald danach knickt die Straße nach Süden ab«, tröste ich uns.

»Ist gut.«

Das ist für lange Zeit das letzte, was ich von Ulrike höre, jeder hat jetzt mit sich zu tun. Ich zwinge mich zu einer großen Übersetzung, die ohne Wind angemessen wäre, beuge mich tief in den Rennlenker, und dann geht die Jagd los. Ulrike macht sich klein in meinem Windschatten, berührt mit ihrem Reifen fast mein Hinterrad. Wir sind inzwischen ein gut eingespieltes Team: Sie muß blind darauf vertrauen, daß ich auch nicht für den Bruchteil einer Kurbeldrehung nachlasse; ich schaue ständig nach hinten, ob sie auch noch dicht hinter mir ist.

Wie eine Erlösung scheint mir die erste zarte Andeutung einer Linkskurve: Süden. Sappho ist nichts weiter als eine Ansammlung einiger armseliger Holzhäuser, hat aber immerhin eine Tankstelle mit Café. Halb taub vom ständigen Fauchen des Gegenwindes und mit schmerzenden Beinen steigen wir vom Rad. Wir tapsen in das Lokal und lassen uns auf dickgepolsterte Barhocker fallen. Geschafft, und nicht einmal schlecht: eine knappe Stunde für 25 Kilometer bei strammem Gegenwind. Zufrieden laben wir uns am heißen Kaffee. Das runde Mädchen hinter dem Tresen ist fast nur noch mit unseren Bechern beschäftigt, die sie immer wieder vollgießen muß.

Ein Hohelied auf den amerikanischen Kaffee, der so schlecht ist, daß er zur Touristenattraktion aufstieg. Sein schlichtes Geheimnis ist dieses: Er ist so dünn, daß man ihm so reichlich zusprechen darf, bis der Körper sich einfach weiterer Flüssigkeitszufuhr widersetzt. Ohne Bedenken würde ich ihn in einer Klinik für Herzkranke ausschenken, Schaden würde er mit Sicherheit nicht anrichten.

Bringt man unter Nichtamerikanern das Gespräch auf den Kaffee, erntet man je nach Temperament entweder brüllendes Gelächter oder einfach eine wegwerfende Handbewegung. Vielleicht muß man erst auf dem Fahrrad unterwegs sein, um ihn zu lieben. An kalten Tagen ist es herrlich, die klammen Finger um den heißen Becher zu legen und flüssige Wärme in sich hineinzuschütten; ist es warm, dann gibt es ohnehin nichts Besseres als ein heißes Getränk. Das Schönste ist: Er ist immer fertig und es gibt ihn überall! In buchstäblich jeder Ecke Amerikas steht die immergleiche Glaskugel auf der immergleichen Heizspirale, und er wartet nur darauf, getrunken zu werden.

Gelegentlich sieht der Reisende zwei gleiche Kaffeetöpfe, einträchtig nebeneinander. Als ich mich einmal danach erkundigte, hätte mich die Antwort fast umgehauen: In dem anderen sei koffeinfreier Kaffee!

Vielleicht hat meine grenzenlose Zuneigung mit der Tatsache zu tun, daß ich vom Kaffee nicht sehr viel verstehe und eigentlich Teetrinker bin. Der Tee hier – nun ja, aber das wäre eine Geschichte für sich.

Nacheinander kommen drei Trucker herein. Durch die Scheibe sehe ich ihre Holzlaster drüben, auf der anderen Seite der Straße, stehen. Vielleicht haben sie uns heute schon einige Male überholt oder sind uns entgegengebraust; sie nicken kurz zu uns herüber und nehmen schweigend an einem Ecktisch Platz. Es sind harte, hagere Gesichter unter zerschlissenen Baseballmützen, voller Gleichmut, aber auch Entschlossenheit. Sie haben keinen leichten Job, und ich denke, sie machen ihn gut, werden auch in Zukunft traumwandlerisch sicher jene Handbreit Abstand einhalten, die uns am Leben läßt. Das Mädchen bringt große Stücke Schokoladen- und Zitronenkuchen. Ihr schlecht verteiltes Übergewicht hätte mir eine Warnung sein sollen; der klebrige Kuchen liegt wie Blei im Magen, und wir kommen kaum aufs Rad. Viel schlimmer dran ist der verlängerte

Rücken. Besonders nach solchen Verschnaufpausen bekommt er zu spüren, daß ein Rennsattel nicht gerade kuschelig ist. Ulrike fühlt sich schon den ganzen Tag wie ein Fakir auf dem Nagelbrett, dazu werden ihre Knieschmerzen immer schlimmer. Sie will mich nicht enttäuschen, beißt die Zähne zusammen.

Haben wir das Unternehmen doch unterschätzt? Kaum vorbereitet, quasi aus dem Stand auf eine so lange Radtour gehen? Wir sind erst am Anfang, und es wird noch viel schwieriger werden, unten in Kalifornien. Kalifornien – es ist unvorstellbar weit, dort sind wir noch lange nicht! Ich versuche, gelassen zu sein: »Was soll's, wenn es partout nicht besser wird, brechen wir einfach ab. Niemand zwingt uns.«

Das Café war bald der ganze Ort. Auf einer Lichtung noch ein paar Häuser, dahinter sonnen sich Hunde, ein altes Auto rostet, auf der Seite liegend, still vor sich hin.

Hatchery next left verkündet ein Schild und macht uns neugierig. Wir geraten in eine Aufzuchtstation für Lachse, die schwimmende Goldgrube des pazifischen Nordwestens. Tatsächlich hat der Lachs mehr Geld gebracht als das Gold. Lange Zeit hielt man die heißbegehrte und mit prächtigem Gewinn verkäufliche Ressource für schier unerschöpflich und verfuhr entsprechend. Mit der Erfindung des Weißblechs und der Konservendose fing es an: Ein Lachsfluß nach dem anderen wurde leergefischt, gelegentlich auch schon mal trockengelegt, um Gold schürfen zu können. Straßenbauer räumten aus den Flüssen den zum Laichen unerläßlichen Kies, durch Abholzen schattenspendender Bäume erhöhte sich die Wassertemperatur, dazu die Gefahr von Erdrutschen, die Bäche zuschütteten und den Weg zum Laichplatz versperrten.

Heute ist man klüger, aber der Hang zu den fünf mehr oder weniger begehrten Arten der »Hakennasigen« hat ungeschminkt merkantile Züge. Die Indianer von einst, die an den Lachsflüssen lebten und sich daraus ernährten, begrüßten jedes Jahr den ersten Lachs mit einem Zeremoniell und verspeisten ihn mit Liebe und Respekt. Die Gräten wurden wieder zum Fluß zurückgebracht, damit die Fische im »Lachshaus unter dem Meer« neugeboren werden konnten. In der Hatchery begegnet man dem Lachs heute eher leidenschaftslos, kühl kalkulierend mochte der Mensch die »Verschwendung der Natur« bei der Fortpflanzung nicht länger hinnehmen. Die zum Laichen heimkehrenden Weibchen werden geschlachtet, die rund 4000 Eier entnommen und der Samen eines ausgesuchten Männchens darüber ausgepreßt. Die Mixtur kommt in Brutkästen, die geschlüpften Lachse schwimmen später in Freilandbecken und werden mit angereichertem Futter ernährt, so daß sie sicherer und besser versorgt aufwachsen, als das in ihren stromaufwärts gelegenen natürlichen Laichgründen der Fall wäre. Als fingerlange Jungfische treten sie ihre lange Reise durch den Pazifik an, die, wenn alles gutgeht, nach vier bis sechs Jahren hier wieder endet: in der Enge einer Konservendose. Hölzerne Aufstiegshilfen im Fluß sollten die Rückkehr erleichtern. Zielgenau finden sie an den Ort ihrer Geburt zurück, über solche »Lachstreppen« direkt auf den Tisch des Metzgers.

Welches Ortungssystem sie aber zurückfinden läßt, ist bis heute eines der großen Rätsel der Natur. »Immer der Nase nach« lautet die Geruchstheorie der meisten Wissenschaftler. Im Süßwasser der Flüsse, Bäche und ihrer kleinen Seitenarme ist das einleuchtend; ist doch jede Bucht im Flußbett, jeder kleinste Wasserlauf eine einmalige, unverwechselbare Welt aus Uferpflanzen, Parasiten, Schwebstoffen und Gesteinspartikeln.

Wie aber finden sie vom Meer, aus Tausenden von Kilometern, überhaupt zur Flußmündung? Sie müssen navigieren können, aber wie? Benutzen sie zur Orientierung Sonne und Sterne, das Magnetfeld der Erde, Meeresströmungen, Wassertemperaturen oder die Salzkonzentrationen?

Immer häufiger hört der Wald plötzlich auf, wird immer mehr durchsetzt mit räudigen Stellen: *logging spots*, die das Futter liefern für die gefräßigen Papiermühlen und Sägewerke. Gelegentlich radeln wir wie durch Potemkinsche Fassaden: Der Kahlschlag bis an die Straße heran erlaubt den Blick zurück und läßt erkennen, daß der vermeintlich unendliche Wald, den man eben durchfuhr, schon nach 50 Metern aufhört. Hügelauf, hügelab, bis hinauf zu den

Kämmen weit entfernt liegender Berge zieht sich dieses Feld der Verwüstung: Stümpfe und Gestrüpp, niedrige Pflanzen und Moose. Im Kontrast zum grünen und unversehrten Wald sieht es hier aus, als wäre ein Pelz versehentlich mit der Kneifzange rasiert worden. Hier kann sich kein Tier mehr verstecken, und es wird lange dauern, bis sie sich wieder ansiedeln.

Hinter dem grünen Vorhang ist ein Holzfällertrupp bei der Arbeit. Wir sehen sie nicht, aber das nervtötende Geknatter der Motorsäge ist ganz nah. Ich schaue auf die Uhr; es dauert oft nicht einmal eine Minute, bis die Säge sich durch den Stamm gefressen hat, zwei Minuten Ruhe gibt und sich dem nächsten zuwendet. Dazwischen hört man das Splittern einer aufschlagenden Krone. Jahrhundertelang sind die Bäume gewachsen, in einer Minute liegen sie am Boden.

Der noch vor einhundert Jahren weiße Fleck auf der Landkarte, das Innere der Olympic-Halbinsel, ist heute grün, ausgewiesen als Olympic National Park. Es sind 3600 Quadratkilometer unberührte Wildnis, wozu noch ein schmaler, etwa 80 Kilometer langer Streifen an der Pazifikküste gehört. Zum Glück fehlen bisher Mittel und Ehrgeiz, Querverbindungen, Aussichtsstraßen oder luxuriöse Unterkünfte wie in vielen anderen Parks durchzusetzen. Dazu wurde er von den Vereinten Nationen zur »International Biosphere Reserve« und »Stätte des Welterbes« erklärt. Hier genießt die Natur verbrieften Schutz vor ihrem ärgsten Feind. Die einzigen Bäume, die gefällt werden dürfen, sind solche, die einem Wanderer gefährlich werden könnten. Aber so grandios amerikanische Nationalparks auch sind, sind sie doch häufig nur Inseln in schamlos ausgebeuteter Umgebung, Artefakte im traurigen Museum der Menschheit.

Selbst mir, mit dem vergleichsweise flüchtigen Blick des Touristen, ist das rapide Verschwinden der Wälder während eines Jahrzehnts nicht verborgen geblieben. Washington und Oregon decken den größten Teil des Weichholzbedarfs der USA, aber schon heute übersteigen die Einnahmen aus dem Tourismus die der Holzindustrie. Besonders hier im pazifischen Nordwesten zeigt sich das Dilemma, daß man eine Wildnis nicht gleichzeitig zerstören und erhalten kann. Kein Tourist kommt, um abgeholzte Gebiete zu sehen oder sich alle naselang vor den vorbeirasenden Holzlastern an den Straßenrand zu drücken.

An den skalpierten Hängen künden große Tafeln von Aufforstungsbemühungen der Holzgesellschaften, als wollten sie um Verständnis werben und verstörte Touristen beruhigen. Sie geben Jahr und Größe des letzten und auch schon des nächsten *clear cut* an; nur wenige Jahrzehnte liegen dazwischen. Dabei erkenne ich selbst auf Kahlschlägen, die acht Jahre und länger zurückliegen, nichts, was den Namen Baum verdient hätte. Die höchsten Erhebungen waren immer noch vermodernde, koboldhafte Stümpfe von früher riesigen Sitkafichten.

So traurig der Anblick des Raubzuges selbst auch ist, so eröffnet er aber Fernblicke auf die weit im Osten liegenden Gletschergipfel der Olympic Ranges. Es ist eine Eigenart dieses Gebirges, daß seine Höhe wohl von jedermann überschätzt wird; eine optische Täuschung, die sicher darin liegt, daß es unvermittelt steil aus der Ebene aufragt. Besonders vom Meer aus, von Norden oder Osten betrachtet, bilden die Berge einen hoch und undurchdringlich erscheinenden Wall. Nicht einmal ganz 2500 Meter hoch ist der Mt. Olympus, aber als 1788 der englische Seefahrer John Meares an der Westküste entlang nach Norden segelte, erschien er ihm schön und großartig genug, um Heimstatt der Götter zu sein.

Zum fünften Mal führt eine Brücke über den Soleduck River, der mäandernd und verwunden die ganze Breite des eiszeitlichen Tales ausnutzt: freier Lauf für die Flüsse. Die Versuchung ist groß, seinem Lauf einfach weiter zu folgen. In einer knappen Stunde könnten wir am offenen Meer sein, wir bräuchten nur den Abzweiger von der 101 aufzunehmen und die Stichstraße nach La Push hinunterrollen. Einen Kaffee lang diskutieren wir den Plan und verwerfen ihn zugunsten eines Abstechers in den Regenwald. Die Küste wird uns nicht verlorengehen.

Endlich wieder ein größerer Ort mit Supermarkt: Forks, das Holzfällerzentrum. Schon lange sind wir nicht mehr zwischen so gut gefüllten Regalen herumgelaufen, wenngleich wir, bei allem Appetit, mit den Riesenpackungen nichts anfangen können. Wir hätten gern mal ein Eis, aber was sollen wir mit einer halben Gallone auf einmal? Löffle ich einen Joghurt, bin ich danach immer gleich um zwei Pfund schwerer. Wir kaufen jetzt gleich mit für den Abend ein, sogar Steaks, in der Vorstellung eines schönen Campingplatzes unten in Kalaloch, direkt an der Küste. Eine Riesentüte schleppen wir aus dem Laden und picknicken direkt gegenüber unter dem nächstbesten dicken Baum. Eine halbe Stunde später ist das meiste verputzt, und die kläglichen Reste finden mühelos Platz in den Packtaschen.

Ulrikes Kopf ziert jetzt auch das verbreitetste Kleidungsstück Nordamerikas: eine Baseballmütze in leuchtendem Violett, die ihr ausgesprochen gut steht.

Das Städtchen wirkt recht wohlhabend. Beiderseits der Straßen erstrecken sich gepflegte Gärten mit sorgfältig angestrichenen Häusern, bunten Blumenampeln, wucherndem Grünzeug hinter angebauten Gewächshäuschen. Auf dem kleinen Flughafen stehen zu meiner Überraschung einige Privatflugzeuge. Bestimmt ist diese launische, wetterwendische Ecke des Kontinents nicht gerade ein Dorado der Sportfliegerei.

»Sollen wir, sollen wir nicht?« Die Abzweigung nach Osten bedeutet zusätzliche 60 Kilometer, würde uns dafür aber ins Herz der unermeßlichen Regenwälder Washingtons führen. Außerhalb der Tropen, in der gemäßigten Zone, sind Regenwälder eine Seltenheit, aber hier treffen einige günstige Voraussetzungen zusammen und lassen Urwälder entstehen, die auf der Welt einmalig sind.

Die Olympic-Halbinsel ragt weit in das hier verhältnismäßig warme Meer hinaus. Die Westwinde saugen sich über dem großen Ozean mit Feuchtigkeit voll, streichen die zur Seeseite hin offenen Täler hinauf und laden sie an den Hängen der Olympics ab. Fünf Meter Niederschlag im Jahr gelten hier noch nicht als ungewöhnlich. Ulrike übernimmt die Entscheidung: »Wir machen es, wer weiß, wann wir wieder herkommen.«

Sie freut sich, daß die Knieschmerzen nachgelassen haben, und so radeln wir auf enger, gewundener Straße das Tal des Hoh River aufwärts. Ich will ruhig zugeben, daß wir auf einer langen Tour mit Abstechern und Umwegen meist recht geizig umgehen, und das ist schade. Wer wird denn erwarten, daß die Höhepunkte eines Landstriches sich zufällig an der Straße einfinden, wo er gerade unterwegs ist? Der motorisierte Reisende hat es in dem Punkt leichter, aber wir lernen auch hier dazu.

Das Tal hat die typische U-Form vom Gletscherschliff der Eiszeiten. Der Fluß schlängelt sich in zahlreichen Windungen, wie vorhin der Soleduck River, in der Mitte eines sanft geneigten Talbodens dahin; die Wände ragen steil auf. Es ist so tief eingegraben, daß die kalten Winterstürme vom Pazifik in größerer Höhe darüber hinwegfegen und die relativ ausgeglichene Temperatur im Tal kaum beeinflussen. Mit den drei anderen Flüssen, dem Queets, dem Quinault und dem Bogachiel, die die Olympic Range zum Pazifischen Ozean hin entwässern, verhält es sich genauso, und deshalb findet man auch hier diese einzigartigen Wälder.

Wir haben Glück, der Tag ist warm und trocken, obgleich wir uns dem regenreichsten Punkt der USA nähern. (Von Alaska und Hawaii sehen wir dabei einmal ab; dort werden noch ganz andere Rekorde aufgestellt.) Im Westen der Halbinsel regnet es an zwei von drei Tagen, aber das ist bloße Statistik. In manchem Wintermonat zeigt die Regenskala einen Meter, das heißt, es regnet praktisch immer; dagegen kann es im Sommer wochenlange Trockenperioden geben. Ein Regenwald trocknet dadurch noch lange nicht aus; als mehr oder weniger abgeschlossenes System kann er sich lange Zeit aus sich selbst heraus am Leben erhalten. Die hier gebundene Feuchtigkeit geht kaum verloren, und die kühlen Nebel des Ozeans benetzen die Kronen.

»Hier beginnt der Regenwald« verkündet ein Schild, aber man sieht ohnehin sofort, daß dies kein gewöhnlicher Wald ist. Bäume, unabsehbar hoch, als wollten sie den Himmel tragen, sperren Sonne und Licht aus, das Klima verdichtet sich zu feuchtschwüler Dämmerung. Flechten hängen wie Bärte von den Ästen herab. Ein dichter Teppich leuchtend grünen Mooses überzieht Äste und Stämme der Baumriesen.

Das Tal wird zusehends enger. Campingplatz und Visitor-Center in Upper Hoh markieren das Ende der Straße. Wir stellen die Räder ab und tauchen ein in stille, grüne Grotten. Ja, es ist wie ein Eintauchen. Ich spiele mit der Phantasie und stelle mir vor, wir wandern auf dem Grund des Meeres. Die tanzenden Lichtflecken hoch über uns, dort oben brechen sich die Sonnenstrahlen an der Oberfläche. Die langen Fransen des Baummooses sind der Tang, die Farne Unterwasserpflanzen; umgestürzte, schwärzlich verrottende, bemooste Bäume werden zu muschelübersäten Schiffswracks und die lautlos im Geäst herumflitzenden Vögel zu flinken Fischen auf der Suche nach immer neuen Verstecken in der friedlichen Grotte.

Kaum ein Geräusch; selbst das Knacken der Zweige unter unseren Füßen wird vom dicken Moospolster verschluckt. An manchen Stellen ist der Teppich so weich, daß die Füße knöcheltief einsinken. Wir bewegen uns wie in einem Labyrinth, müssen immer wieder umkehren und zwischen umgestürzten und vermodernden Stämmen nach neuen Wegen suchen. 70 Meter lange, unübersteigbare Wälle türmen sich vor uns auf, aus denen Hunderte von Schößlingen wie eine Hecke emporwachsen. Es sind »Ammenbäume«, irgendwann vom Blitz oder Alter gefällte Baumriesen, deren verrottende Körper von Pilzen, Moosen und Flechten in eine Art Mutterboden umgewandelt werden. Der Samen eines gesunden Baumes entwickelt sich hierauf rasch zum Sämling und erhält während der ersten Jahre aus dem Humus alle Nährstoffe, die er zum Wachstum braucht. Werden die Sämlinge größer, brauchen sie die im Erdreich gelösten Mineralien und bilden um den Ammenstamm herum Wurzeln zum Erdboden hin. Jetzt entscheidet sich, ob aus dem Sämling einmal ein Baum wird. Nur ganz wenigen gelingt es, die Wurzeln so kräftig auszubilden und dauerhaft in dem mit Nährstoffen angereicherten Boden zu verankern, daß sich ein Oberstamm entwickeln kann. Mit der Zeit wird aus der winzigen Reihe ein stattliches Spalier, eine Flucht von Chausseebäumen. Manchmal sieht es aus, als kämen sie auf krummbeinigen Stelzen daher: Der Ammenbaum unter ihnen ist längst aufgezehrt, verschwunden, aber die nach außen schwellenden Wurzeln ahmen noch seine Umrisse nach.

Nirgendwo wird der endlose Kreislauf der Natur, diese unermüdlichen Kräfte von Entstehen und Vergehen, von Wachstum und

Verfall so bewußt wie im Regenwald. Die Atmosphäre ist schwer zu erfassen: unheimlich bestimmt, ein wenig auch erdrückend, als ginge einem irgendwann die Luft zum Atmen aus. Es ist eine Szenerie, die vollkommen teilnahmslos wirkt, die uns überleben wird.

Ohne es verabredet zu haben, sprechen wir nur leise, wie in einer Kathedrale. Es ist kein Ort, wo man laut rufen würde, obgleich er nicht leblos ist. Eichhörnchen turnen im Geäst, Vögel kündigen unser Kommen an.

Wir haben etwas Wunderbares erlebt, atmen aber beide ein wenig auf, als wir dem Wald den Rücken kehren und jetzt endgültig dem Meer zustreben. Vorfreude kommt auf; auf den Wellenschlag des Pazifiks, eine rotgoldene Sonne über dem Horizont, während unsere T-Bone-Steaks auf dem Grill ihrer Vollendung entgegenbräunen werden. Wir brauchen nur dem Hoh stromab zu folgen, größere Hügel sind nicht zu erwarten. So rollt es wieder einmal gut, wie immer am Nachmittag, wenn der Tritt rund geworden ist und die Sinne noch wach sind.

Mindestens 16 Kilometer sind wir noch vom offenen Meer entfernt. Wir sehen nicht das mindeste von ihm, aber man kann es schon ahnen; die Nähe wird körperlich fühlbar. Die Straße verläuft jetzt schnurgerade durch den Wald. Ganz am Ende streicht ein weißgrauer, zerschlissener Vorhang über die Baumspitzen, und wenige Minuten später sind wir auch schon drin im kalten Küstennebel. Die eben noch kraftvolle Sonne des Spätnachmittags wird übergangslos zur blassen, konturenlosen Scheibe und verschwindet dann ganz. Feuchtigkeit und Kälte kriechen auf die Haut. Wir halten an und kramen zum ersten Mal Pullover aus den Packtaschen. Mein Puls geht jetzt schneller, aber nicht der letzten kleinen Steigung wegen hinauf zum Parkplatz oberhalb von Ruby Beach. Ich bin aufgeregt, gespannt, wie früher als Pennäler vor einem Rendezvous – so sehr freue ich mich darauf, den Pazifik zu sehen, den Duft der Küste zu riechen. Wir hören schon eine ruhige, gleichmäßige Brandung, darüber ein paar spitze Möwenschreie, die Luft riecht salzig: Wir sind da, angekommen am Westrand Amerikas.

Durch gewaltige Baumriesen mit weitausladenden Ästen sehen wir hinunter auf grauen, steinigen Strand. Ein Bach gräbt sich einen Weg hindurch, regellos, scheinbar ziellos, als könne er sich kurz vor dem Ziel doch nicht entschließen, seinen Lauf zu beenden. Graues Wasser schlägt gegen graue Felsbastionen draußen im Meer und gischtet hoch die glatten Wände hinauf. Auf einigen überleben noch eine Handvoll zerfranster Bäume, andere sind völlig nackt. Die Szenerie ist abweisend, wild und wüst. Der asphaltierte Parkplatz, das Holzgeländer, an dem jetzt unsere Räder lehnen, selbst die Straße gehören nicht hierher. Diese Wildnis hat etwas seltsam Ausschließendes, hat nur Raum für den größten aller Ozeane und das Ende eines Kontinentes, wo sich Land und Meer seit urdenklichen Zeiten unerbittliche Schlachten liefern.

Offenbar hat es seit Tagen nicht viel Wind gegeben, und auch jetzt ist es fast windstill. Die Brandung ist trügerisch niedrig und entlädt ihre Kraft erst an den Felsbarrieren zu meterhohen Gischtfontänen.

Ich habe es an dieser Küste schon anders zugehen sehen, an Februartagen, oben am Cape Flattery. Hier stand ich, am nordwestlichsten Zipfel Washingtons, und sah hinunter auf Monsterwogen, die 50 Meter unter mir an den Felsen explodierten und mir die Gischt ins Gesicht trieben. Am Strand von La Push warf mich der Sturm aus dem Stand, und der Regen stürzte nicht vom Himmel, sondern schlug mir horizontal ins Gesicht. Acht Meter hohe Brecher spielten mit dem Land entrissenen Urwaldriesen und ließen sie tanzen, als wären es Streichhölzer. Die donnernde Brandung brachte den Boden unter meinen Füßen zum Zittern; dabei wurde das Brausen des Wassers noch übertönt von Ächzen und Stöhnen, vom Krachen der gegeneinander schlagenden Stämme. Eine Flottille aus Hunderten, Tausenden toter Bäume führte vor meinen Augen eine »danse macabre« auf. Mir war zumute, als stünde der Weltuntergang bevor.

Das Klischee ist eben doch oft die Wahrheit; ich hätte mir jetzt keinen besseren Empfang wünschen können als diese düstere Stimmung, diese tiefe Ruhe und Ernsthaftigkeit, die Respekt vor der Wildnis abverlangt, die uns das Gefühl gibt, »draußen« zu sein.

Durch triefende Büsche unter hohen Bäumen folgen wir einem schlüpfrigen Pfad hinunter auf den Strand. Tritt man aus dem einen Wald hinaus, türmt sich der nächste auf: ein liegender Wald aus totem Holz, aus Ästen und Stämmen, eben jenem Spielzeug, das sich das Meer bei Sturm oder einer Springflut holt. Wohl wahr, es ist nur angeschwemmtes Holz, aber wollte man diese meterhoch aufgeschichteten Stapel deshalb einfach Treibholz nennen? Treibholz kannte ich bisher nur als etwas, wonach man sich bückt, was man aufheben kann und in die Luft werfen, damit es eine Hundeschnauze wieder zurückträgt. Hier braucht sich keiner zu bükken; steht man vor einem Wurzelstock, muß man den Kopf in den Nacken legen, um ihn zu ermessen. Aufzuheben gibt es nichts in diesem tonnenschweren Durcheinander, nicht einmal zu bewegen. Ulrike balanciert ungläubig auf diesem Chaos herum, auf 60 Meter langen, glitschigen Graten.

Washingtons Strände – ein zyklopisches Durcheinander von Felsbastionen und liegendem Wald aus Treibholz

Ich gehöre zu den vielen Menschen, die nur auf Reisen fotografieren. Ulrike führt Tagebuch, und ich trage mit der Kamera meinen visuellen Anteil bei. Es gibt aber immer wieder Tage, an denen man mich mit Recht einen leidenschaftlichen Fotografen nennen würde. In ganz wenigen, glücklichen Augenblicken, so wie jetzt, habe ich dann das Gefühl, nicht ich fotografiere und mache »Bilder«, sondern die Kamera zieht mich, wird selbständig, lebendig in meiner Hand und erwartet von mir nur noch die mechanische Bedienung. Das Objektiv als »ultima ratio« der Empfindung: so einfach kann Fotografieren sein.

Das Licht ist lausig, viel zuwenig für meine niedrigempfindlichen Filme. Ein Stativ für die Hasselblad verbietet sich auf einer Radtour von selbst, aber für einen Drahtauslöser ist immer noch Platz. Mit Engelsgeduld bastele ich mir auf den Stämmen mit immer neuen Kieseln mein Ersatzstativ und lasse mich begeistern von den Wirkungen der Wolkendecke, die den Mangel an Licht mehr als wettmachen.

Ich suche Ulrike; ist sie schon in die Schluchten zwischen den Baumriesen gefallen? Nach einem Weilchen entdecke ich sie: Vorn am Wasser hockt sie mit angezogenen Knien auf der Spitze einer Felsnadel, dem Meer zugewandt. In dem diffusen Licht sieht sie aus wie ein Seelöwe. Die Landschaft ist kalt, fremd und zyklopisch, zum Jubeln und ein bißchen zum Frieren. Nicht weit steht eine Regenwand. Wolken und Wasser verschmelzen noch nicht: Ein gelbes Lichtband, dünn wie eine Bleistiftlinie, zeichnet den Horizont nach. Ist es Einbildung oder krümmt er sich nicht doch ganz sanft zu den Seiten hin? Unvermittelt verfärbt sich der leuchtende Strich blutrot, ein Strahlenbündel zuckt hoch und poliert die Unterseite der Wolken zu glänzendem Zinn. Sekunden später ist es vorbei: Das war's für heute, der erste Sonnenuntergang an Amerikas Sunset Coast.

»Es ist toll, laß uns hier zelten.« Eigentlich hat Ulrike recht. Zum nächsten Zeltplatz nach Kalaloch sind es 11 Kilometer, und es wäre schade, die Straße, die jetzt genau der Küste folgt, im Dunkeln abzustrampeln. Aber sosehr wir auch suchen, in diesem Aufruhr aus Steinen, Holz, Gezeitentümpeln und Bachläufen läßt sich kein geeignetes Plätzchen für unser Zelt entdecken.

Wir greifen die vom Nebel triefend nassen Räder und rollen etwas lustlos nach Süden, aber schon nach wenigen Minuten entdecken wir unseren Platz für die Nacht, wie er schöner nicht sein könnte: am meerseitigen Ende eines größeren Parkplatzes, hart an der Kante der Kliffküste, die hier 50 Meter tief abfällt. Inmitten des Buschwerks, am äußersten Rand, gibt es ein freies, grasbestandenes Fleckchen, gerade groß genug für unser rundes Zelt. Wir fragen nicht lange und bereuen es nicht.

Es ist einer jener Abende, die man nicht vergißt. Ein leichte Brise vom Meer drückt den Nebel hinauf in die Wälder und gibt den Blick frei auf einen breiten Sandstrand mit tiefgestaffelter Brandung dahinter; fünf, sechs Zeilen langer, bleicher Schaumkronen, die scheinbar unendlich langsam in sich zusammenfallen. Fern im Westen pulst ein Leuchtfeuer seine stumme Melodie.

Wir sitzen mit baumelnden Beinen hoch oben auf dem Kliff über dem Abgrund und sind glücklich. Herrliche Tage liegen bereits hinter uns, und doch ist es, als würde die Tour erst hier richtig beginnen. Wir haben einen Prolog erlebt, der uns einstimmte auf die pazifische Küste, als hätten wir sie uns erst verdienen müssen. Von nun an würden wir die nächsten Wochen Brandungsrauschen hören und die Salzluft des Pazifiks riechen; die Sonne würde jeden Abend rechter Hand untergehen und uns mittags ins Gesicht scheinen. Wir fühlen uns frei, so wie man sich nur in einem wirklich großen Land frei fühlen kann. Wir würden nicht tanken müssen und Zimmer vorbestellen. Der Weg wird nicht zu verfehlen sein: immer nach Süden, immer so nah wie möglich am Meer und dem befreienden Duft des Pazifiks. Tausende von Kilometern der vermutlich schönsten Küste der Welt liegen vor uns, und heute abend gehört ein Stückchen von ihr uns ganz allein. Der Verkehr auf der 101 ist wie ausgeknipst. Hier ist Amerika noch naiv: Nach dem Dinner bewegt man sich nicht mehr fort.

Wir finden kein trockenes Holz, um unsere leckeren Steaks zu braten, deshalb ist unser »Dinner« schnell aufgezählt: eine Dose Thunfisch nebst einer Zwiebel, zwei Büchsen Bier, ein Apfel und ein paar Cookies; aber kein Restaurant der Welt könnte uns jetzt hier weglocken.

Lange noch sitzen wir schweigend vor dem Zelt und hören der Brandung zu. Klar und ein wenig unheimlich heben sich einzelne besonders hohe Brecher von dem gleichförmigen Brausen ab, wenn sie mit metallischem, etwas bösartigem Krachen in sich zusammenstürzen. Ulrike freut sich: Gegen diesen Geräuschteppich der Natur wird sich mein notorisches Schnarchen einmal nicht durchsetzen.

Tonnenschwere Urwaldriesen, vom Meer zu Riesenknochen gehobelt

Als ich früh am nächsten Morgen prüfend den Kopf zum Zelt herausstrecke, regnet es leicht, und der Nebel ist wieder dichter geworden. Die Ebbe hat das Meer weit hinausgezogen, nur ein Netz aus stumpfen, gelblichen Wasseradern ist geblieben, an denen unschlüssig und morgenfaul einige Möwen herumstehen. Ich ziehe den Reißverschluß wieder herunter und genieße die trockene Heimeligkeit unserer geräumigen Behausung. Ein paar Kilo Stoff als Schutz für die Nacht; wenig mehr an Stahl und Aluminium; mehr braucht man nicht, um überall durchzukommen.

Auf allen vieren klettern wir eine halbe Stunde später das bröckelige Kliff hinunter zum Strand. Es regnet nicht mehr, und durch den Nebel ist die Sonnenscheibe bereits zu ahnen. In die Möwen ist jetzt Bewegung gekommen, und sie gehen ihrer Lieblingsbeschäftigung nach: dem Streit. Sie sind über einen gestrandeten Fisch hergefallen und zerren ihn gleichzeitig in alle vier Himmelsrichtungen.

Unmerklich löst sich der Nebel auf. Die Sonne schraffiert bereits die Urwaldriesen hoch über uns, und Minuten später glänzt der frische Tag, als hätte man ihn aus dem Farbtopf gezogen: Schwarzblau das Meer mit langen silbrigen Zeilen der Brandung; gelb, braun und rostrot das Steilufer und grünschwarz die Regenwälder. Die Küste sprüht vor Licht. Die vom Salzwasser gebleichten und glattgehobelten Stämme sehen im grellen Sonnenlicht aus wie Riesenknochen. Leblose tote Äste und Wurzelstöcke sind zu grotesken Formen verdreht: Plastiken, vom Meer geformt und von unwiderstehlichem Reiz für den Fotografen. Als hätte eine schützende Hand diesen Holzwall vor dem geschundenen Steilufer aufgetürmt, zieht er sich wie eine Rüsche ohne Unterbrechung die Küste entlang und verschwimmt irgendwo in der Ferne mit den Brandungszeilen. Dabei sind die Opfer des letzten Angriffs die Waffen für den nächsten, die sich das Meer schon parat gelegt hat. Wie Rammböcke werden bei stürmischer See die gewaltigen Stämme gegen das Steilufer geschleudert, so lange, bis das Erdreich nachgibt. Das Spalier der Bäume über uns am Rande des Kliffs ist schon zur Seite geneigt, nach vorn überhängend, die Wurzeln ins Leere greifend, gepökelt von salzigen Nebeln und sprühender Gischt. Das nächste Hochwasser wird sie holen.

Wir turnen in der Gezeitenzone auf tangumsäumten Felsen herum, werden immer wieder von plötzlich hoch aufgischtenden Brechern kräftig geduscht. Nässe und schmierige Algen machen die Felsen glatt wie Seife, an vielen Stellen jedoch sind sie mit Muscheln

Die Opfer des letzten sind die Waffen für den nächsten Angriff gegen die Klippe

überzogen und geben dadurch den Füßen beim Klettern guten Halt.

Faszinierende Aquarien in allen Größen tun sich vor uns auf: Wassergefüllte Mulden und Spalten mit einer verwirrend schönen Vielfalt von Pflanzen und Tieren, die im Rhythmus der Gezeiten sichtbar werden. Bis zu 4000 Einzellebewesen und 20 Arten hat man schon in solchen Felsenbecken gezählt, deren Oberfläche nicht einmal einen Quadratmeter maßen. Gebannt knien wir vor den Pfützen, die Nasenspitze auf dem Wasser. Wir entdecken Seepocken und Entenmuscheln, Meerschnecken und von Bohrmuscheln durchlöcherte Steine. Bunte Seesterne erschleichen sich Miesmuscheln und kleine Weichtiere, grüne Seeanemonen fächeln mit ihren Fangarmen nach winzigen Beutetierchen und betäuben sie durch Stechzellen, purpurfarbene Seeigel halten sich ans Gemüse, an Tang und Algen.

Der Steinstrand selbst ist mit blauen Muschelschalen übersät, die von Vögeln saubergepickt sind. Wenige Meter vor mir fliegt in gleichbleibend kurzem Abstand ein Austernfischerpärchen von Stein zu Stein und unterhält sich in einer seltsam abgehackten Sprache. Offenbar haben sie sich schnell an mich gewöhnt, jedenfalls wirken sie recht unbekümmert. Ich mag diesen etwas komisch wirkenden Vogel, wenn er mit wachsamem Blick seiner orangefarbenen Augen und stelzendem Gang am Wasser entlangpatroulliert. Dabei ruckt der Kopf mit dem gewaltigen roten Schnabel auf und ab, und er erinnert mich an einen würdevollen Professor im schwarzen Mantel, der mit auf dem Rücken verschränkten Armen den Strand entlangschreitet.

Komisch ist er allerdings nur für den Betrachter. Mit seinem flachen, klammerartigen Schnabel kann er Miesmuscheln und sogar Austern aufsprengen. Möwen und Krähen beherrschen diesen Kraftakt nicht und greifen zum Trick: Aus 15 Metern Höhe lassen sie die Muscheln auf Felsen fallen und daran zerspringen.

Genau im Westen zeichnen sich schemenhaft die Umrisse einer flachen Felsinsel ab: Destruction Island. 1787 mußte Kapitän William Barclay dort sechs seiner Männer zurücklassen, die von Indianern erschlagen worden waren. Zuvor hatte er von ihnen aber 800 Seeotterfelle eingehandelt, brachte sie nach London und erzielte astronomischen Gewinn.

Früher paddelten die Hoh-Indianer zur Insel hinaus und veranstalteten Festessen mit Muscheln und Möweneiern, heute ist sie Vogelschutzgebiet. Außer Möwen nisten hier etwa 10 000 Hornalken in ihren selbstgegrabenen Höhlen. Nicht aus Not, sondern um Geschick und Mut zu beweisen, wagten die Küstenindianer sogar die Jagd auf den Wal. Sobald das Achtmannkanu vorsichtig, der Schwanzflosse ausweichend, längsseits gebracht worden war, stieß der Harpunier die Waffe mit den knöchernen Widerhaken in den riesigen grauen Körper. Luftgefüllte Schwimmkörper aus Seehundsfell erschwerten dem Wal das Tauchen, und Glück, gepaart mit seemännischem Können, brachte den Koloß schließlich auf den Strand. In respektvollen Beschwörungsformeln wurde der Wal um Unterstützung ersucht: »Wal, schwimm nicht aufs Meer hinaus, sondern bleib an der Küste und zieh mich zum Strand meines Dorfes, denn wenn du dort an Land kommst, werden die jungen Männer deinen gewaltigen Körper mit Federn der Bauchschnabelente und dem Flaum des großen Adlers, des Häuptlings aller Vögel, bedecken.«

Erst kurz sitzen wir auf dem Rad, als uns ein Schild zu einem kleinen Abstecher landeinwärts verlockt: *Big Cedar*. Im grünen Dämmerlicht des modrigen Urwaldes stehen wir unvermittelt einem Baum gegenüber, der diesen Namen längst hinter sich hat. »Spukschloß«, entfährt es uns gleichzeitig, und in der Tat könnte dieses lebende Gewirr aus Stelzen, Nebenstämmen, Höhlen und Tunneln einer märchenhaften Phantasie à la Alices Wunderland entsprungen sein. Ein verwunschener, gewundener Gang führt mitten hindurch; auf weitausladenden Ästen sitzt man bequem wie auf einem Thron. Immer wieder umrunden wir diesen Methusalem des Waldes und lassen uns gefangennehmen von seinem geheimnisvollen Zauber. Ehrfurcht gehört zu den profunden Erfahrungen in der Natur. Diese Zeder stand schon zu Zeiten, als man sich in Europa noch kaum von den Küsten forttraute, aus Angst, über den Rand der scheibenförmigen Erde zu kippen; sie war bereits uralt und ein Säulentempel der Natur, als Kolumbus die Neue Welt für die Alte entdeckte. Sie badete ihre Krone hoch über dem umgebenden Wald im salzigen Nebel, als russische Pelzhändler und James Cook an ihr vorbeisegelten, und sie wird sich weiter unaufhörlich aus eigener Kraft vervielfältigen.

Die 101 folgt jetzt unmittelbar der Küste, aber der schmale Streifen Wald zum Strand hin ist so dicht, daß wir das Meer nicht mehr sehen. In kurzen, gleichbleibenden Abständen zerreißt ein Wildbach von den Bergen herunter den grünen Vorhang und erlaubt einen flüchtigen Blick auf das immer gleiche Bühnenbild: liegender Wald, Strand, Schaumkronen.

Die Strände und ihre Zugänge durch das Dickicht sind so zahlreich, daß offenbar die Namen ausgegangen sind – sie haben jetzt nur noch Nummern. Keinen lassen wir uns entgehen. Überall dieselbe Warntafel mit der naiv eindrucksvollen Zeichnung vom kleinen Mädchen, das schreiend und mit erhobenen Armen unter drohend aufgerichteten Treibholzstämmen wegläuft. Offenbar geraten immer wieder Wanderer in Lebensgefahr, wenn die Flut kaum merklich hereinkommt und die Stämme überraschend in Bewegung setzt.

Diese Küste ist nicht »schön«. Sie taugt nicht für Fototapeten oder für plakative Verlockungen in den Schaufenstern der Reisebüros, wo sich die immer gleiche Kokospalme sanft über zuckerweißem Strand dem immer gleichen türkisfarbenen Meer entgegenreckt. Wir haben selbst oft im warmen Sand gesessen, umfächelt von lauen Passatwinden und uns zu Tode gelangweilt. Heute atmen wir frei an den wilden Küsten der Welt, suchen das dynamische Aufeinandertreffen von Land und Ozean. Hier liegen unsere Paradiese, hier gerate ich leicht ins Schwärmen. Washingtons Küste zählt zu den wildesten der Welt; Vergleichbares findet man vielleicht noch an Kauais Na Pali Coast, an der Ostküste Hawaiis oder an Neuseelands Südküste, wo die Tasman-See die Pancake Rocks zersägt.

Lieblich oder friedlich ist hier nichts. Wir stehen vor dem gefledderten Kadaver eines angeschwemmten Schweinewals und müssen uns die Nasen zuhalten, weil der Gestank fast betäubt; im Sand frische Spuren eines Schwarzbären, um uns herum Möwen mit wilden Schreien und einem ungebrochenen Appetit.

An den meisten Tagen regnet es hier, und auch jetzt kämpfen die Götter über uns wieder einmal um das Wetter an diesem Tag. Die Badehose im Gepäck ist so notwendig wie der Regenschirm in der Sahara, und die Zahl der gesunkenen Schiffe vor der Küste ist Legion.

Kalaloch ist nicht ein beliebiger Campingplatz; es ist Wagenburg und Zeltstadt zugleich, eine unübersehbar große Anlage.

Mit wilden Schreien und ungebrochenem Appetit beherrschen Möwen die Klippen

Wie gut, daß wir sie gestern abend nicht mehr erreichten! Ich will nicht ungerecht sein; es ist sauber, aufgeräumt, zweckmäßig, die *mobilhomes* in Reih und Glied, wie in einer Vorstadtsiedlung.

Die Bäume sind genauso bizarr verbogen, das Wasser ist genauso wild und der gelbe Strand sogar breiter als wenige Kilometer nördlich.

Dennoch, das unmittelbare, starke Gefühl des Ausgesetztseins, welches diese Küste vermitteln kann, kommt hier nicht auf. Die Ordnung und die vielen Menschen schaffen eine beiläufige Behaglichkeit, die dieser Wildnis nicht entspricht, einer Wildnis, die keine Vertraulichkeiten erlaubt.

Drei, vier Hände voll trockener Zweige sind schnell gesammelt, ein freier Grill schnell gefunden, und endlich zischen unsere Steaks über der Glut würzigen Holzes. Die Tüte wird zu papiernen Tellern,

Brandungsrauschen, endlose Strände und die befreiende Salzluft des Pazifiks können süchtig machen

eine zerbeulte Tomate findet sich auch noch in den Packtaschen, und wir genießen ein spätes Frühstück.

Einige herrliche Kilometer folgt die 101 noch unmittelbar dem Küstenverlauf, dann knickt sie scharf nach Osten ins Landesinnere ab und beschreibt einen weiten Bogen um das Reservat der Quinault-Indianer. Es ist ein etwa gleichseitiges Dreieck mit 43 Kilometern unberührter Küste als Grundlinie und dem Quinault Lake landeinwärts als Spitze, das größte Reservat der Küstenindianer im Staate Washington. Seit sie vor etwa 15 000 Jahren aus dem fernen

Asien über die Landbrücke der Beringstraße kamen und sich entlang der Küste ansiedelten, haben sie fast ausschließlich von dem gelebt, was ihnen das Meer in überreicher Fülle bot. Ihm waren sie zugewandt, das Land in ihrem Rücken hat sie nicht herausgefordert. Es gab offenbar kein Verlangen, Unbekanntes zu erforschen, ins Innere der Halbinsel vorzudringen. Welch ein Gegensatz zu ihren »Entdekkern«, dem weißen Mann des fernen Europas, den die Ferne lockte und der Drang, Geheimnisse zu lüften; Abenteuer oder auch nur blanke Profitgier trieben ihn um die ganze Erde und auch an diese Küste. Die angeblich Ersten waren in Wahrheit die Letzten. Die Indianer waren bei der Eroberung des Westens von Anfang an unterlegen und werden im Grunde bis heute übervorteilt. Ihr Land verkam zur Rohstoffquelle. Das Reservat als barmherziges Feigenblatt?

Im Dörfchen Queets stehen ein paar zerlumpte Gestalten, stumpfe Augen, strähnige, ausgedünnte Haare bis auf die Schultern: ein Anblick, der betreten macht. Zwei Hunde sehen uns schon von weitem kommen, stehen gelangweilt von der Straße auf und wollen uns urplötzlich an die Beine. Ich gebe Ulrike Seitendeckung und fuchtele mit der Luftpumpe vor den schnappenden Schnauzen herum.

In den frühen dreißiger Jahren begann für die Quinault-Indianer endgültig die neue Zeit, als hier die letzte noch fehlende Lücke des Olympic-Loop-Highways geschlossen wurde. Die Freigabe für den Autoverkehr feierten die Indianer noch mit Festessen und Tänzen. Heute würden sie nicht mehr tanzen. Sie konnten nicht voraussehen, daß die Ringstraße um die Halbinsel eher Fluch als Segen sein würde, sie mit einer Welt verband, die nicht die ihre war. Sie brachte Eindringlinge ins Land, die ihnen die Wälder abschwatzten und die fischreichen Bäche zerstörten. Daneben kamen jetzt Zigtausende von Autotouristen und verschmutzten Luft und Wasser. Inzwischen haben die Quinaults ihren Strand für Touristen sperren müssen, um ihn sauberzuhalten.

Die nächsten 48 Kilometer bis zum Quinault Lake verläuft unsere Fahrt flott, aber ereignislos, sieht man von den wie Unwetter über die Straße brausenden Holzlastern ab. Immer wieder die markerschütternde Hupe, die den Posaunen von Jericho zur Ehre gereicht hätte, und dann dröhnen dreißig, vierzig Tonnen ungeschlachte Einschüchterung an uns vorbei.

Fast widerstrebend haben wir dem Meer den Rücken gekehrt, aber dieser stille See inmitten dunkler Regenwälder verzaubert. Lange sitzen wir am Ufer, schauen auf das Wasser und lassen uns dann noch einmal in grünes Dickicht locken.

Der Regenwald am Quinault unterscheidet sich nicht von dem am Hoh, aber er erscheint uns längst nicht mehr so chaotisch. Der Grund ist ein gutgemachtes Informationsblättchen des Visitor-Centers von Upper Hoh, das wir inzwischen in Ruhe studiert haben und das uns jetzt erst in dieser komplexen, aber sehr wohl geordneten Pflanzenstruktur zurechtfinden läßt.

Vereinfachend gesagt, besteht der Wald aus drei Stockwerken. 60 Meter und mehr messen die höchsten Bäume und sind damit Beherrscher des obersten Stockwerks: westliche Hemlocktannen und Sitkafichten. Sie haben den Vorteil vor ihren Konkurrenten, daß sie als Jungbäume nur geringen Lichtbedarf haben. Das gedämpfte Licht des Waldbodens läßt viele Pflanzenarten verkümmern, aber diese beiden gedeihen hier vom Sämling an und entwickeln im Laufe von Jahrhunderten eindrucksvolle Stämme. Manche Sitkafichten sind so gewaltig, daß ein Dutzend Männer mit ausgebreiteten Armen sie gerade umspannen können.

Gelegentliche Mitbewohner der obersten Etage sind noch zwei weitere prächtige Koniferen: die Douglastanne und der westliche rote Wacholder. So verbreitet sie auch sonst an der Nordwestküste sind, im Regenwald sind sie normalerweise fast chancenlos. Sie brauchen Licht für ihr Wachstum und können nur an Stellen gedeihen, wo Brände, Erdrutsche oder Windbrüche Lichtungen geschaffen haben. Diese immer wiederkehrenden »Katastrophen« sind Voraussetzung für die Pflanzenvielfalt, die uns umgibt. Gäbe es sie nicht, die Entwicklung würde eindimensional verlaufen. Die Hemlocktanne würde am Ende sogar die Sitkafichte verdrängen; ihr

Samen kann als einziger jahrelang auf die richtigen Voraussetzungen zum Keimen warten, und die Tannensämlinge wachsen noch kräftig im Dämmerlicht, das den Fichten schon nicht mehr genügt. Das Zusammenstoßen der Tannenwipfel wäre wie das Ausbreiten des Grabtuches über den nach Licht ringenden Konkurrenten, ein Hemlockwald würde am Ende das ganze Tal füllen.

In 20 Metern Höhe endet das mittlere Waldstockwerk der Laubbäume. Die eindrucksvollste Gestalt ist hier zweifellos der Großblattahorn, ein wuchtiger Baum mit tellergroßen fünfzackigen Blättern und 20 Meter breiten Kronen. In zottigen Girlanden hängen unterschiedliche Epiphyten von kräftigen Ästen herab bis in den Bereich des Erdgeschosses, wo die größte Pflanzenvielfalt zu Hause ist. Diese bildet ein fast undurchdringliches Gewirr aus Rankenpflanzen, jungen Bäumen, Holunder- und Brombeerbüschen, Kräutern, Moosen und vielen Arten von Farnen. Spindeldürre Rankenahorne schlängeln sich um Bäume herum und unter umgestürzten Stämmen hindurch und erreichen dann noch Höhen von zehn Metern.

Farbtupfer sind rar in einer Welt, wo mangels Licht der Überlebenskampf erbarmungslos ist, und nur das Blattgrün und die Photosynthese den Fortbestand sichern. Ein flüchtiger Sonnenstrahl tanzt über den Moosboden und läßt einige weiße Sauerkleeblüten aufleuchten.

Eben haben wir der 101 den Rücken gekehrt. Auch wenn uns jetzt bei der Durchquerung des Quinault-Reservats 22 Kilometer grobe Schotterstraße erwarten, werden wir dafür früher wieder an der Küste sein und können für ein Weilchen auf die Logging-Trucks verzichten.

Für unsere dünnen Reifen ist der spitze Kies schieres Gift. Jeden Augenblick erwarte ich einen Platten, aber sie halten. Dafür kämpfen wir beide mit der Balance; die Laufräder graben sich unvermittelt so tief in den grundlosen Splitt, daß das Rad nicht mehr zu lenken ist, aus der Kontrolle gerät und wir öfter haarscharf am Sturz vorbeimanövrieren. Die Straße ist über weite Strecken ein staubiger grüner Tunnel, überrankt von einem Blätterdach aus Roterlen und

Rankenahornen. Gelegentlich drischt ein Indianer einen verbeulten Truck oder betagten Chevrolet mit guten 100 Sachen über die Piste, daß uns die Steine nur so um die Ohren fliegen.

Wir sind überrascht, auch hier im Reservat die Verwüstungen von zurückliegenden Holzeinschlägen vorzufinden. Später erfahre ich, daß vier Fünftel der Wälder abgeholzt sind. Die Holzgesellschaften zahlten gutes Geld für die kommerzielle Verwertung, aber der Indianerstamm verarmte. Lachs und Stahlkopfforelle blieben aus, weil sie den Weg zu ihren Laichplätzen versperrt oder zugeschüttet fanden. Angesichts der Katastrophe kam es Anfang der siebziger Jahre zum Umdenken und zum Beginn einer Reihe von Rehabilitationsprojekten für die Natur.

Übergangslos ist die Straße jetzt geteert und damit das Ende des Reservats erreicht. Natürlich wäre es kein Problem, die *gravel road* zu asphaltieren, aber die Indianer legen keinen Wert auf Durchgangsverkehr, der dann mit Sicherheit einsetzen würde.

Wir genießen das leichte Dahinrollen der Räder, das Sirren der Reifen auf dem Asphalt erscheint uns fast wie Musik. Wir fahren genau in die tiefstehende Sonne, die nicht mehr wärmt, Streifen weißlichen Nebels fliegen uns entgegen, ein kleiner Anstieg, und wir sind wieder heimgekehrt an »unseren« Pazifik.

Moclips einen Ort zu nennen, wäre aus europäischer Sicht kaum angebracht. Die Häuser sehen aus wie Improvisationen aus Treibholz vom Strand. Klein, ärmlich und sturmgezaust liegen sie da, wie auf den Strand geworfen zu beiden Seiten einer holperigen Straße. Einziger Schmuck ist ein riesiger Totempfahl vor einem Motel, dessen aufeinandergetürmte Tiergesichter den Ort ignorieren und über die Dächer hinweg aufs Meer starren.

Dennoch, Moclips ist herrlich! Zugegeben, der Charme ist eher rauh, mit den krächzenden Möwen auf den Dächern, aber sind wir denn an der Côte d'Azur? Die Häuser sind so schlicht, daß sie ein Kind zeichnen könnte. Vornehmes Weiß ist selten. Manche sehen aus, als seien sie von der Salzluft braun gepökelt, andere haben die Farbe einer gut geräucherten Lachsseite. Vor der Haustür liegt ein Strand, der nicht zu enden scheint, breit und blendend vor einem

Horizont, der nur so funkelt. Der Brackwasserkanal im Rücken liefert Krebse, zahlreich und täglich frisch. Ein rostfarbener Ford ist der mobile Fischladen: im Kofferraum kapitale Lachse, die mit stumpfen Augen aus dem Trockeneis glotzen, in einer Plastikwanne davor eine krabbelnde, kratzende Masse bräunlicher Krebspanzer. »Nehmt einen, sie sind gut.« Das rundliche Gesicht der Indianerin strahlt vor Vergnügen. Sie ist hübsch und charmant dazu, trotz ihrer Leibesfülle und den zum Platzen prallen Jeans. Straff gebundene, schwarz glänzende Haare umrahmen ein glattes Gesicht mit funkelnden Augen; wenn sie lacht, hüpfen ihre knuffigen Wangen und verschlucken die Kohleaugen, zeigen makellos blitzende Zähne. Einen Krebs nach dem anderen fingert sie heraus, hält ihn uns unter die Nase. Zu schade, daß wir kein Kochgeschirr mithaben.

Ein meerverliebter Bewohner hat in seinem Garten Strandgut kunstvoll arrangiert: Vom Salz zerfressene Kisten, ausgefranste Taue, grüne Netzfetzen, leuchtend rote Fischerbojen, Schwimmkorken, faserige gebleichte Holzstücke, rostige Fässer und Glaskugeln üben auf uns unwiderstehlichen Reiz aus und regen spontan die Phantasie an. Alles sieht so abgenutzt, verschlissen und uralt aus, daß wir uns fragen, ob nicht manches angeschwemmte Wrackteil noch von den spanischen Galeonen stammen könnte, die hier auf dem Rückweg von den Philippinen entlangsegelten und oftmals nie mehr in ihre Heimat zurückkehrten.

Insbesondere die gläsernen Netzschwimmkörper, die uns anglotzen wie tote Augen eines Meeresungeheuers, haben es uns angetan: Japanische Fischer verloren sie, und die Kuroschio-Trift nahm sie mit auf die Reise, 10 000 km weit über den Nordpazifik und spülte sie hier auf den Strand. An der Nordwestecke Washingtons, am Cape Flattery, wurde in den zwanziger Jahren ein japanisches Fischerboot mit längst verhungerter Besatzung angetrieben. Sie hatten während eines Sturms einen Motorschaden erlitten und ihre Kräfte fatalerweise bei dem Versuch erschöpft, das Boot zu ihren Fischgründen zurückzubringen.

Die nächsten Kilometer sind ein Traum auf zwei Rädern. Kurven, leichte Hügel, gerade hoch genug für herrliche Blicke und immer wieder neue Strände, so weit das Auge reicht. Geduckte Bäume am Straßenrand weisen mit ihren in Jahrhunderten straff gebürsteten Kronen nach Süden. Der Wind ist noch nicht ganz eingeschlafen und schiebt uns sacht vor sich her. Natürlich ist uns Nordwind immer willkommen; gleichzeitig ist er im Sommer aber auch Garant für schönes Wetter. Hinter hohen Hecken und unter dichten Bäumen verstecken sich herrliche Häuser, zauberhafte Anwesen, teure Kontrastprogramme zum rauhbeinigen Moclips.

Die Sonne verschwindet gerade in den Dunstschleiern des Horizonts, als wir von hohem Hügel herab nach Pacific Beach hineinrollen. Der Ort sieht aus, wie er klingt: weitläufig, weiß, von Nebeln durchweht, halb Ferienort, halb sandiges Dorf. Der Campingplatz liegt am meerseitigen Ende einer Bucht, in die sich ein Fluß ergießt. Er ist mehr für Wohnwagen gedacht, ein wenig nackt, ungeschützt, steinig, und wir ziehen es vor, in der Bucht selbst auf weißem Sand zu zelten.

Anderntags schiebt uns kräftiger Nordwest durch einen sonnenklaren Tag. Wir treten leicht und haben das Gefühl, auf Mofas zu sitzen. Dicke Brombeeren am Straßenrand, tiefschwarz und süß, wachsen uns fast in den Mund; wir essen uns kugelrund daran. Grellweiße Sandstrände zu unserer Rechten dehnen sich zu kleinen Wüsten und sind bereits von Autos erobert. Natürlich probieren wir es aus, müssen aber einsehen, daß selbst der feste Sand nah am Wasser unseren schmalen Rennreifen nicht standhält. Die Welt besteht nur noch aus Stränden, und unsere flüchtigen Stationen heißen denn auch Copalis Beach, Ocean City und Ocean Shores. Letzteres ist eine riesige Ferienhaussiedlung in den Dünen, schön gebaute Preziosen aus wohnlichem Holz. Zur Linken dehnt sich schon die weite Bucht von Gray's Harbour, rechts schäumt der Pazifik: Wir folgen einer schmalen Landzunge bis zum Ende und freuen uns schon auf die nächste kleine Seereise. Wir müssen nur den Fähranleger finden.

Irgendwie haben wir uns verfahren. Welchen der zahllosen Wege wir auch einschlagen, früher oder später wendet er sich von der Bucht ab und wieder der Küste mit ihren langen Zeilen der Holzhäuser zu. Halbhohes Buschwerk macht die Orientierung schwierig. Ein kleiner, flacher Hügel, wenige Meter hoch, sorgfältig mit Rasen bepflanzt, drum herum ein Zaun und obendrauf ein Mann: Vielleicht kann er uns weiterhelfen. Er kann, aber als wir gehen, ist fast eine Stunde um. Es ist eine jener Begegnungen, wie sie vielleicht nur in Nordamerika zustande kommen, eine jener Unterhaltungen, die bei aller Unverbindlichkeit immer grundehrlich sind und uns während vieler Reisen mehr über die Amerikaner und ihr Land verraten haben als alle gelehrten Essays.

Der Mann heißt Joe, hat schwielige Hände, ein altersloses Gesicht mit wachen Augen und Sommersprossen wie Sterne am Himmel. Er ist für das grüne Viereck innerhalb des Metallzaunes zuständig oder besser gesagt, für das Becken obendrauf. Von unten hielt ich es für ein Fischzuchtbecken; es ist die Kläranlage. Joe hat einen stinkenden Job, aber er würde mit nichts und niemandem tauschen wollen. »Allein der Blick hier!« Sein Arm beschreibt einen weitläufigen Bogen über den Horizont, Richtung Land. »Allein der Blick ist eine Million Dollar wert.« Im Osten schimmert der weiße Kegel des Mt. Rainier aus dem Dunst, auf dessen Hängen mehr Gletscher lasten als auf jedem anderen Berg südlich Alaskas; eine kleine Wendung, und wir erkennen die zerfurchte Kette der Olympics; dazwischen die riesenhafte Bay.

Er sagte »eine Million Dollar«, und ich zweifele nicht daran, daß er es ernst meint. Was ihn am meisten freut: Sein Arbeitsplatz liegt vielleicht vier Meter über der Umgebung, deshalb sei der Blick so gut. Glücklicher Joe, und dafür wirst du noch bezahlt!

Das private Fährschiffchen hinüber nach Westport macht heute abend kein großes Geschäft: Wir sind die einzigen Passagiere, die Crew ist größer an der Zahl. Der Chef steht am Ruder, sein halbwüchsiger Sohn ist für die Takelage zuständig, ein weiterer Helfer bittet uns gutgelaunt in die Kombüse und versorgt uns mit heißem Kaffee. Wohin wir denn wollten mit unseren Fahrrädern?

»So, so, nach Mexiko.«

Er quittiert es mit verständnislosem Blick und ungerührtem Kopfnicken; wir hätten ihm genausogut Kap Hoorn oder den Mond als Ziel anbieten können. Er selbst sei noch nie groß aus der Gegend herausgekommen, wolle auch nicht weg. Von Juni bis September verkehre die Fähre, da ist er dabei, seit vielen Jahren schon, und das sei ein gutes Leben. Er zeigt mit dem Daumen über die Schultern zu unseren Rädern und meint, es gäbe halt immer mehr »Verrückte«, fast jeden Tag hätten sie Radfahrer überzusetzen.

Er holt eine große Kladde: das Gästebuch, eigens angelegt für die verrückten Radfahrer. Neben den Daten und dem Woher und Wohin ist Platz gelassen für Kommentare, und hier liegen Radfahrerherzen bloß. Die Wut steht unter der Euphorie, Begeisterung neben *never again*. Susan mit Jeff auf Hochzeitsreise finden den Trip schlicht »great«, Paul fährt nach Norden, hat seit Wochen Gegenwind und will dreimal am Tag sein Rad ins Meer schmeißen (er hat es noch), Derrick kann nicht mehr sitzen, kann es aber auch nicht lassen, weiterzufahren, Bob kommt aus Chile gestrampelt und hofft, noch vor dem Winter in Alaska zu sein. Tips werden weitergereicht über schöne Campingplätze oder billige Youth-hostels, empfehlenswerte Fischrestaurants oder keinesfalls zu versäumende Abstecher. Ein Hinweis aber kommt fast immer vor: »Paßt auf die Logging-Trucks auf!«

Im Schutz der Halbinsel war das Wasser glatt, aber als das Boot jetzt die Mündung der Bucht kreuzt, schwillt die See an. Wind erhebt sich, die Flut drückt herein, es ist, als atme der große Ozean aus. Die See bockt und das Boot knirscht, wenn es auf das rauhe Wasser schlägt. Die flotte Fahrt saugt das Heck tief in die Wellentäler, und unsere Räder erhalten ein paar unbekömmliche Salzwasserduschen.

Vier Pelikane verfolgen uns so dicht, daß man sie fast berühren könnte. Niemals zuvor habe ich so weit im Norden diese herrlichen Vögel gesehen. Ernst und würdevoll im Formationsflug, pfeilschnell beim halsbrecherischen Beutezug, geben sie uns einige Minuten Geleit. Vielleicht sind in der Schleppe verwirbelten Wassers hinter dem Boot mehr Fische an der Oberfläche als in der Umgebung; jedenfalls bombardieren sie den weißblauen Teppich mit ihren Körpern, als müßten sie für eine Woche vorsorgen.

Die Fähre setzt uns im Fischereihafen ab. Eine Fischfabrik in der Nähe stinkt entsetzlich. Dichtgedrängt, Rumpf an Rumpf, liegen die Fangschiffe für die Küstenfahrt. Vielen würde man einen frischen Anstrich wünschen, die Fanggeschirre starren vor Rost. Aus einiger Entfernung, von der hochgelegenen Uferstraße aus, ist das Bild plötzlich idyllisch, pittoresk. Die warme, goldene Nachmittagssonne überzieht den Hafen mit einem Schimmer von Behaglichkeit, als wären die Boote zur schieren Freude der Fotografen vom Fremdenverkehrsamt dort drapiert worden. Möwen sitzen dekorativ auf Masten und Ruderhäusern, eine Handvoll Pelikane krallt sich an Bordwänden fest und starrt trübsinnig ins Wasser.

Zwei Jungen kommen den Pier heraufgestapft und halten uns einen Riesenkrebs unter die Nase. Die Plastikeimer in ihren Händen sind gut gefüllt mit *dungeness crabs*, aber solch ein Prachtexemplar habe ich nie zuvor gesehen. Ein paar Dollar und er gehört uns. Wir setzen ihn auf die Brüstung und studieren ihn von allen Seiten. Eine Möwe giert herüber und tippelt unschlüssig näher. Als die Jungen außer Sichtweite sind, bekommt das Tier einen leichten Stups und fällt platschend zurück ins Hafenbecken.

Westport ist nicht nur Heimathafen der Berufsfischer, sondern zugleich populärer Spielplatz für das amerikanischste aller Vergnügen: Angeln. Die größte Leidenschaft, so scheint mir immer, liegt hier, noch vor Baseball, Money-making oder der Demokratie. Ob Hawaii oder Alaska, stille Seen, Flüsse oder das offene Meer; Amerikaner mit der Angel sind immer dabei. Die Tagescharterboote biegen eines nach dem anderen um die Hafenmole und setzen ihre Fracht ab: glücklich strahlende Menschen jeden Alters und Geschlechts, die Angel über dem Rücken, in der Hand einen triefenden Plastikbeutel mit Fischstücken. An Deck ist die Crew mit dem Zerlegen und Verteilen der Beute beschäftigt, keiner kommt zu kurz, jeder ist hochzufrieden: ein großer Tag.

Aber was wäre Angeln ohne Wettkampf? In der Mitte der Straße geht der Tag pazifisch-gelassen seinem Höhepunkt entgegen. Eine Menschentraube verdichtet sich unterhalb einer großen Aufschrift »salmon derby, fish weigh station«. Ein Petri-Jünger nach dem anderen betritt eine kleine Bühne, je nach Temperament oder zu

Wettangeln – die vermutlich größte Leidenschaft der Amerikaner. Die Liebe zum großen Fisch vereint alle Amerikaner

erwartendem Gewicht stolzgeschwellt oder ein wenig verlegen. Der Unparteiische wuchtet seinen Fang an einen Haken, spießt ihn am Unterkiefer auf; das eigene Gewicht zieht dem Fisch das Maul auseinander zu einem stummen Schrei.

Aber der Fisch schreit nicht, die Menge sieht ihn gar nicht an, hat jetzt nur Augen für den Zeiger auf der runden Waage. Beifall, anerkennendes Gemurmel, Kameradschaft: Die Liebe zum großen Fisch vereint sie alle.

Eben kommt eine junge schwarzgelockte Frau auf die Bühne, das Holztäfelchen weist sie aus als Patsy Smith, ihren silbernen, leblosen Begleiter als »King«, also König- oder Chinooklachs. Raunen in der Menge, der Zeiger schnellt hoch: gute 25 Pfund, Tagesrekord. Die Mitstreiter jubeln, Patsy strahlt, umarmt in plötzlicher Rührung ihren kalten Kumpel. Mir ist, als würde er lachen. Ich muß sagen, ich mag die Amerikaner.

Wir schieben unsere Räder die Uferstraße entlang; jeder zweite Laden will uns ein Boot vermieten oder wenigstens mitnehmen zum Trip mit der Angel. Was aber sollen wir mit einem zwanzigpfündigen Lachs in der Packtasche? Dafür schauen wir interessiert in die Kessel der Schnellrestaurants, wo all die Krebse und Krabben und sonstigen Bewohner des Ozeans vor der Tür schmackhaft gemacht werden.

Hochzufrieden, die Mägen angenehm und eiweißhaltig mit Muscheln und Krebsfleisch gefüllt, verlassen wir den sympathischen Ort. Ein leichter Nordwest unterstützt uns, das Licht hat abendliche Wärme. Wir legen uns noch nicht fest, wo wir übernachten wollen; das leichte Dahinrollen ist schierer Genuß an der Bewegung, und erst die völlige Dunkelheit soll uns heute aus dem Sattel holen. Die Straße knickt scharf nach Osten ab; kurz darauf gibt der Wald den Blick frei über die Mündung der Willapa Bay.

Der Küstenverlauf des südlichen Washingtons wird ständig durchbrochen von tief eingeschnittenen Buchten und Flußdeltas. Gut hundert Kilometer lang werden wir diese riesenhafte Bucht vor uns an ihren Ufern umfahren. Kabbeliges Wasser der Grundseen überzieht den Mündungsbereich bis zur Spitze des langen Sandfingers, der von Süden her die Bucht abschirmt. Ganz nah erscheint dort Leadbetter Point, vielleicht nur 13 Kilometer – auf dem Fahrrad bräuchten wir dorthin zwei Tage.

Es wird dunkel, und die Karte zeigt in unserer Richtung nur Einsamkeit. Doch hier, in Tokeland, soll es einen privaten Campingplatz geben, den letzten für lange Zeit. Wir nehmen die Stichstraße hinunter zur Bay und bereuen es nicht. Ein altes Ehepaar empfängt uns freundlich, gibt uns einen Platz am Dünenrand der Bucht. Der Mann rollt eine verrostete Lastwagenfelge an den Tisch: es ist der Grill. Er hilft mir noch beim Holzsammeln, während Ulrike das Zelt aufbaut. Minuten später zischen zwei saftige

Im brackigen Gezeitenwasser wächst neuer Wald aus einem angeschwemmten Baumrest

Ribeye-Steaks, die Holzfällern zur Ehre gereichen würden, über der Glut.

•

Der nächste Morgen sieht uns früh im Sattel und mutterseelenallein auf der Straße. Eine eigenartige Welt umgibt uns; fremd und verwirrend. Wo endet das Land und beginnt das Meer? Diese Grenze ist hier verwischt; Kontinent und Ozean durchdringen sich, schaffen etwas Neues: eine Marschlandschaft von besonderem Reiz. Im brackigen Gezeitenwasser liegen Reste toter Bäume, auf denen sich nicht nur ein paar Pflänzchen, sondern bereits kleine Wälder wohl zu fühlen scheinen.

Wir selbst fühlen uns nicht wohl, sind hungrig und sehnen Raymond, den nächsten Ort, herbei; dort werden wir frühstücken. Gelegentlich können wir ihn schon sehen, freuen uns – dann öffnet sich wieder eine neue Bucht. Eben fahren wir an Pferdekoppeln und

Milchvieh vorbei, als Ulrike hinter mir aufschreit: »Verdammt, mich hat was gestochen. Halt mal an!«

Sie rollt die Rennhose hoch; auf der Innenseite des Oberschenkels zeichnet sich ein kleiner Krater ab.

»Es war wie ein Messerstich; es hat mich fast vom Rad gehauen.«

Wir schauen entgeistert auf den roten Kreis, der langsam anschwillt. Ulrike schüttelt den Kopf: »Durch die Hose durch; vielleicht war es eine Hornisse?«

»Kann gut sein, bei dem vielen Vieh.«

Unternehmen können wir jetzt nichts, wir haben nicht einmal ein Pflaster. Wehleidigkeit ist Ulrike fremd, und so sitzt sie auch schon wieder auf dem Rad.

Außer Frühstück bietet Raymond nichts. Es ist ein selten häßliches Nest der Holzindustrie, Logging-Trucks sausen uns um die Ohren, und wir sehen zu, weiterzukommen. Das Frühstück hat Ulrikes Bein leider auch nicht kuriert, die Schmerzen werden immer stärker.

Nach wenigen Kilometern empfängt uns die »Austern-Hauptstadt der Welt«. Wie eine Hauptstadt wirkt South Bend wahrlich nicht; es ist eine kleine charmante Gemeinde mit ein paar alten Gebäuden. Sie ist stolz darauf, bereits seit 1860 zu existieren, und das gilt im amerikanischen Westen bereits als historisch.

Ich weiß nicht, durch wie viele soundso *capital of the world* ich in Amerika schon gekommen bin; entsprechend gering ist auch meine Aufmerksamkeit. Vielleicht haben wir dem Städtchen aber doch unrecht getan; je weiter wir fahren, um so mehr scheint sich die Welt nur noch um Austern zu drehen. Gewaltige graue Berge leerer Austernschalen türmen sich unweit der Straße. Konservenfabriken, Austernfarmen. Am Rande eines gigantischen Trümmerfeldes steht gelangweilt ein Arbeiter in Gummistiefeln und schaut dem Verkehr zu. Sein Gesicht ist zerfurcht wie die Oberfläche einer Auster. Neugierig geworden, was es mit den Schalen auf sich hat, halten wir an.

»Erstickt ihr nicht bald in dem Zeug? Nimmt euch das keiner ab?«

Er schaut mich schweigend aus wäßrigen Augen an, so lange, bis mir klar wird, daß er mich für einen ausgemachten Blödian hält.

Sein Kopf macht eine schräge Bewegung über die Schulter: »Kommt mit. Ich zeig euch was.«

Die Schalen knirschen unter unseren Füßen, als wir zu einem Schuppen stapfen; im Inneren heilloses Durcheinander von Geräten, die schon Methusalem gedient haben könnten. Er zeigt uns, wie man in die leeren Schalen Löcher stanzt und sie dann straff auf Drähte spannt. Die gespickten Drähte werden auf Gestelle gelegt und in der Bucht ausgesetzt.

Wir stehen wieder vor der Tür und schauen auf dunkles Wasser.

»Im Wasser schweben Austernlarven herum. Sie heften sich an die Schalenbänke und reifen zu Babyaustern. Nach einem Jahr setzen wir sie um, da drüben hin.«

Ich sehe nur einen schlammigen Acker.

»Es ist gerade Ebbe, bei Flut sind sie unter Wasser.«

»Trocknen sie jetzt nicht aus?«

»Nein, sie brauchen wenig Sauerstoff, und ein starker Muskel hält die Schale dicht geschlossen. In dem Bett bleiben sie übrigens drei Jahre, danach ernten wir sie bei Niedrigwasser. Wir machen es von Hand, größere Farmen haben Bagger.«

Ich esse leidenschaftlich gern Austern und schäme mich fast ein wenig, bisher eigentlich nichts über sie gewußt zu haben.

Nemah, gute 30 Kilometer weiter südlich, ist zwar in fast allen Karten verzeichnet, aber selbst ein Radfahrer ist in einer Sekunde hier durchgefahren. Es besteht nur aus einem Haus: ein knallblau gestrichenes Café. Die redselige Besitzerin freut sich über Besuch, macht frischen Kaffee, und wir klönen über woher und wohin. Als die Rede auf den Autoverkehr kommt, werden ihre Augen schmal, und sie fängt an zu schimpfen.

»Es wird immer schlimmer. Achtet mal auf die Autonummern – alles Kalifornier. Sie fliehen in Massen vor ihren eigenen Problemen, und es ist nur eine Frage der Zeit, wann wir ihren Ärger am Halse haben.«

Wir nicken betreten, und sie redet sich in Rage: »Jeden Tag kommen Leute in teuren Autos und wollen Land kaufen. Du kannst zusehen, wie die Preise steigen. Neulich liefen hier schon Japaner rum. Unsere Wälder reichen ihnen nicht mehr, jetzt kaufen sie unser Land. Sie schwimmen im Geld, nur Platz haben sie keinen. Den kaufen sie sich jetzt, verstehst du?«

Wir verstehen und nicken wieder. In Neuseeland habe ich die Farmer ähnlich schimpfen gehört. Die Wirtin beruhigt sich, und ihre meerblauen Augen werden sanft.

»Ich gehe hier nicht weg. Unten an der Bay habe ich eigene Austern, und auf dem Hügel da drüben gehört mir ein Grundstück. Irgendwann baue ich dort oben ein Haus und kann endlich bis zum Ozean sehen.«

Washington verabschiedet uns mit stillen, träumerischen Buchten. Der erste Staat wird bald hinter uns liegen, und was hat er nicht alles für uns bereitgehalten!

3 Oregon – Buchten, Kaps und Leuchttürme

Da stehen wir also am Ufer des Columbia River, am Südrand Washingtons; drüben beginnt Oregon. Gute sechs Kilometer mißt der gewaltigste Strom des amerikanischen Nordwestens hier in der Nähe der Mündung; die 101 überquert ihn auf einem langen Damm und einer schön geschwungenen Brücke.

Der Fluß ist nach dem Mississippi der zweitgrößte der Vereinigten Staaten und die Verbindung zum Nachbarstaat im Norden. Hier entspringt der Columbia, wird gespeist vom Schnee und den Gletschern der kanadischen Rocky Mountains und ist beim Grenzübertritt bereits ein mächtiger Strom, der einer Provinz den Namen gab: British Columbia. Es waren vor allem zwei Briten, James Cook und George Vancouver, die den Küstenbereich des westlichen Kanada erforschten und kartographierten. Das riesige Gebiet an seinen Ufern, bestehend aus den Staaten Washington, Oregon, Idaho, Montanas Westen und Nevadas Norden hieß von Anfang an »Oregon-Territorium« und war viermal so groß wie das heutige Oregon.

Nur mäßig hoch durchschneidet der Damm eine ganze Weile den Fluß, bevor er sich steil zu einer hohen Brücke aufschwingt. Im Wasser stehen Holzpfähle; auf jedem sitzt ein schwarzglänzender Kormoran. Fliegt einer auf, kommt von irgendwoher ein anderer geflogen und besetzt ihn sogleich wieder. Eine Robbe taucht neben uns auf und sieht sich lange neugierig um, ehe sie wieder verschwindet.

Der Scheitel der Brücke ist wie eine Aussichtskanzel hoch über dem Fluß, weit hinaus geht der Blick auf die Sandbänke im Mündungstrichter. Ich ahne sie mehr, als daß ich sie sehe: jene besonders kräftigen weißen Linien draußen im Dunst. Dort ist die berüchtigte Barre, die Stelle, wo der Festlandsockel abbricht und wo sich über der unterseeischen Schwelle eine ungewöhnlich hohe Brandung auftürmt. Mehr als 200 Schiffe sind hier gesunken, und die Küstenwache trainiert allmonatlich mit ihren unsinkbaren Booten in diesem Aufruhr von Wasser. Sie sind so konstruiert, daß sie nicht kentern können und sich immer wieder von selbst aufrichten. Dennoch, die Übungsfahrten sind häufig Ritte auf einem Ungeheuer, Rodeo mit, wenn es hart kommt, 10 Meter hohen Brechern.

Der Spanier Bruno Heceta war der erste, der hier 1775 aus einer veränderten Färbung des Wassers und der hohen Brandung auf die Mündung eines großen Flusses schloß. Berühmte britische Seefahrer folgten: George Vancouver, James Cook, John Meares; niemand jedoch bestätigte die Existenz des sagenhaften großen Stromes und seiner Mündung auf 56° 7′ nördlicher Breite. Siebzehn Jahre nach Heceta, am 11. Mai 1792, segelte die »Columbia Rediviva« unter Kapitän Gray von Süden kommend die Küste hinauf und steuerte jenen Ort an, um den sich nur Vermutungen rankten. Die Bedingungen waren günstig: Leichter Wind und niedriger Seegang eröffneten eine Passage durch die immer noch gefährlich hohe Brandung in das tiefe, ruhige Wasser eines großen Flusses. Ein Geheimnis war gelüftet und ein Weg ins Innere des Kontinents eröffnet.

Der Yankee Gray hielt sich aber nicht lange mit weiteren Erkundigungen auf, gab dem Fluß den Namen seines Schiffes und widmete sich wieder dem einträglichen Handel mit Seeotterpelzen.

Weitere zwölf Jahre vergingen, ehe der Kreis der Erkundung vom Land her geschlossen wurde. Präsident Thomas Jefferson schickte zwei Captains der amerikanischen Armee auf die langwierige transkontinentale Entdeckungsreise. Die »Lewis and Clark Expedition« hatte den Auftrag, das gerade den Franzosen abgekaufte Louisiana mit der bisher wenig bekannten Westküste zu verbinden. Der weitsichtige Jefferson wollte früher oder später die amerikanische Flagge über dem ganzen unermeßlichen Land zwischen Atlantischem und Pazifischem Ozean wehen lassen.

»Ozean in Sicht! Oh, diese Freude!« schrieb Clark im November 1805 in sein Notizbuch. Eineinhalb Jahre zuvor waren sie in St. Louis aufgebrochen, zogen den Missouri aufwärts durch die Rocky Mountains bis zur Mündung des Columbia. Die Strapazen und gefährlichen Irrungen der Reise wurden nur noch übertrofffen durch die Entbehrungen, die sie im darauffolgenden Winter an der Küste zu erleiden hatten. Clarks Tagebuch gibt davon eine Ahnung:

»Um zwei Uhr ist die Flut, von riesigen Wogen und stürmischen Winden begleitet, hereingekommen, hat die Baumstämme mitgerissen und durcheinandergeworfen. Alle Kräfte und die angestrengteste Aufmerksamkeit reichten kaum aus, um zu verhindern, daß unsere Kanus von diesen gigantischen Bäumen zerschmettert wurden, von denen viele fast 60 Meter lang und einige bis zwei Meter dick waren.

Die Stämme, auf denen wir lagern, schwimmen bei jeder Flut im Wasser. Der Regen hält den ganzen Tag an. Wir sind völlig durchnäßt, auch unser Bettzeug und viele andere Gegenstände. Nichts zu essen außer weichgeklopftem Fleisch.«

An der Küste hinterließen sie ein spartanisches kleines Fort und eine eingeritzte Inschrift im Baum: »William Clark, 3. Dezember 1805, über Land aus den V. Staaten – 1804 + 1805.« Nach schwierigem Rückmarsch über das Gebirge und durch die endlosen Ebenen erreichten sie am 23. September 1806 wieder St. Louis am Mississippi.

Wie auf einer Achterbahn rauschen wir das grüne Ungetüm von Brücke wieder herunter. Einen halben Dollar Benutzungsgebühr war die Sache allemal wert. Wir sind in Oregon, werden empfangen von einer quirligen Stadt. Von hoher Brücke sah die Stadt des Johann Jacob Astor eben noch gediegen aus: viktorianische Häuser, sorgfältig in mehreren Zeilen an weitläufigen Hängen übereinander gestaffelt, eine Idylle für Pensionäre. Doch Astoria ist geschäftig, der Hafen mit dem Holzumschlag gibt den Puls, der Verkehr saust uns um die Ohren, und wir sehen seit langem wieder Verkehrsampeln.

Heute kommt der Reichtum aus den Wäldern, aber seine Entstehung verdankt Astoria einem schnurrbärtigen, kauzigen Meeresbewohner: dem Seeotter. Der Handel mit den seidenweichen Pelzen brachte märchenhafte Gewinne, jedenfalls so lange, bis sie praktisch ausgerottet waren. *Free enterprise* nannte sich das.

Der Bauernbursche Astor aus Walldorf bei Heidelberg wanderte 1783 bettelarm nach Amerika aus; als er 1848 in New York starb, war er durch Grundstücksspekulationen, vor allem aber durch Pelz-

Luftige Aussichtskanzel über dem Columbia River – die Brücke bei Astoria

handel zu einem der reichsten Männer des Landes geworden. Astoria war ein wichtiger Stützpunkt der Astorschen Pelzhandelsgesellschaft.

Vor ihm waren schon andere hier in gleicher Mission. Es waren Promyschleniki, russische Pelzhändler, die von Alaska her immer weiter nach Süden vordrangen. Das Geschäft mit dem Seeotter war der wesentliche Anstoß zur Erforschung und Ausbeutung der Nordwestküste. Engländer und Yankees umrundeten Kap Hoorn, von Sibirien kamen die Russen, Spanier segelten von Kalifornien aus nordwärts – alle auf der Suche nach der Nordwestpassage und noch zu entdeckenden Kontinenten. Mußten die Hoffnungen begraben werden, versuchte man wenigstens ein Vermögen mit Pelzen zu erjagen.

James Cook notierte in seinem Reisetagebuch: »Der Pelz dieser Tiere ist gewiß weicher und feiner als jeder andere, den wir kennen, so daß die Entdeckung dieses Teils des nordamerikanischen Kontinents, in dem solch wertvolle Handelsware anzutreffen ist, uns nicht gleichgültig lassen kann.«

Beim nächsten Fahrradladen machen wir halt und pflegen unsere Räder, ölen sorgfältig Kette und Lager. Der Ladenbesitzer ist ein verwegen aussehender Kalifornier in knallbunten Rennhosen und Pferdeschwanz. Er betrachtet nachdenklich unsere Räder, kratzt sich am Kopf und denkt laut, ob er nicht jetzt besser seinen Laden zumacht und einfach mit uns kommt.

»Oregons Küste, meine Güte. Wie ich euch beneide!«

Er bleibt standhaft, wenngleich fast mit Tränen in den Augen, und mehr zu sich selbst murmelt er zum Abschied: »Ihr werdet sehen, die Küste ist ein Traum.«

Unsere Räder schnurren wieder wie gutgelaunte Katzen. Als ich mich umsehe, steht der arme Kerl immer noch vor seinem Laden und ruft uns nach: »Fahrt unbedingt nach Ecola!«

An der nächsten Tankstelle kaufen wir eine Straßenkarte von Oregon, Washingtons zerfledderte Karte fliegt in den Papierkorb. Sie hat ihren Dienst getan und wäre ab jetzt nur Ballast. Mit Gepäck sind wir geizig, müssen es auch sein, denn eine meiner Packtaschen ist allein mit Fotomaterial ausgefüllt.

Wir suchen uns einen schönen Platz und klappen fast andächtig die neue Karte auseinander: Die nächsten Tage liegen ausgebreitet vor uns, bunt und vielversprechend. Wie Perlen an einer gewundenen Schnur ziehen sich grüne Bäumchen die Küste hinunter: Symbole für Nationalparks, Campingplätze; viel zahlreicher als in Washington. Die Namen der Orte, wie das schon klingt: Seaside, Cannon Beach, Bay City, Oceanside, Pacific City, Depoe Bay, Waldport, Florence, Glenada.

Mit glühenden Ohren sitzen wir über der Karte und fahren mit dem Zeigefinger immer wieder die Küste ab: Ecola, Nehalem Bay, Cape Meares, Cape Lookout, Cape Kiwanda, Otter Crest, Yaquina Lighthouse, Seal Rock, Sea Lion Caves, Oregon Dunes, Sunset Bay, Cape Arago, Cape Blanco... Leuchttürme wachsen da aus der Landkarte, eine Kette von Stränden. Landspitzen, Felstürmen, Dünen; über 600 Kilometer Verheißung, Glück auf zwei Rädern. Die

Straße zeichnet den Küstenverlauf haargenau nach, windet und schlängelt sich um jede Bucht und Landzunge und wird meistens in Sichtweite des Ozeans bleiben.

Kaum sind wir aus Astoria hinaus, geht es gleich wieder übers Wasser, diesmal über die Youngs Bay. Ein brutaler Nordwind erwischt uns genau von der Seite und versucht unablässig, uns vom flachen Damm in das aufgewühlte Wasser zu fegen. Erleichtert tauchen wir nach drei Kilometern in den Windschatten des Festlandes.

In glühenden Farben hat man uns den Fort Stevens State Park geschildert und dringend empfohlen, aber als wir endlich dort ankommen, sind wir enttäuscht. Er ist nicht nur groß, sondern monströs, dazu laut und knallvoll. Hiker und Biker werden offenbar als Wilde betrachtet: An der Flanke eines Hügels, im dichten Buschwerk, da wäre unser vorgesehener Platz. Wir sind wütend, wollen schon wieder abfahren, als amerikanische »Nachbarschaftshilfe« europäische Ungeduld in nichts auflöst: Wir mögen ihren Tisch benutzen, das Auto wird rangiert, und schon gibt es ein wenig Platz für unser Zelt.

Zufrieden pilgern wir ans Wasser und stehen vor den Überresten der »Peter Iredale«, einer Viermastbark, die hier 1906 auf den Strand geworfen wurde. Unglücke gab es genug an diesem verhängnisvollen Küstenabschnitt.

Der nächste Tag beginnt grau und regnerisch. Lustlos rollen wir durch hügeliges Farmland, unablässig begleitet vom zähen Korso des Autoverkehrs. Die Eintönigkeit des Vorankommens unterbrechen wir in Seaside und schlendern durch den lebhaften Touristenort.

Hier war es, wo Lewis und Clark vor bald 200 Jahren nach ihrer Landodyssee ans Meer stießen. Kühler Nebel durchlüftet die Stadt, legt sich auf Haut und Gemüt. Fröstelnd streben wir weiter, die Straße klettert über ein Kap – und dann stehen wir wie vor einer Fata Morgana: Kein Nebel mehr, über uns spannt sich ein hoher Himmel, leuchtende Strände vor grünen Bergrücken, und dann kommt nur noch Blau, Pazifikblau.

Cannon Beach ist jedermanns Lieblingsort an Oregons Küste – reich, schön und »easy going«

Der schlagartige Stimmungswechsel verleiht der Abfahrt noch zusätzliche Flügel, und mit Schwung geht es hinunter nach Cannon Beach.

Die Idylle in der makellosen Bucht ist jedermanns Lieblingsort an Oregons Küste; reich, schön und *easy going*. Er ist hart am Rande einer künstlichen Niedlichkeit, die sich an munter klingelnden Kassen der zahllosen Shops glänzend bezahlt macht. Der Tag ist herrlich und der Strand direkt vor der Tür, die verführerischen Läden sind voll mit Shoppingbummlern.

Irgendwann muß man es eingestehen, Cannon Beach ist zauberhaft! Hier gibt es keine freudlosen Straßen. Vor einer holzgezimmerten Ladenzeile servieren Mädchen in zerfransten Shorts hausgemachten Blaubeerkuchen, daneben gibt es europäische Weine zu kaufen. Surf-Shops und Buchläden, Antiquitätenhändler, Galeristen und Fahrradverleiher brauchen sich um Kundschaft nicht zu sorgen. Am Rande der »downtown« zum Strand hin die Parade geduckter Ferienhäuser, deren Charme schwerlich zu überbieten ist.

Heimelige Pretiosen, von Sonne und Salzluft gepökelt

Sonne und Salzluft haben den Schindeln eine heimelige Patina verliehen; hinter hohen Hecken dehnen sich ganze Patchworks bunter Blumen und üppigen Grüns. In Jahrhunderten ergraute und gleichbleibend bizarr frisierte Zypressen legen ihre Kronen schützend über manches Dach.

Der Clou aber ist der kilometerweite Strand, der sich schön geschwungen zwischen zwei Kaps erstreckt, die die Bucht vom Nebel freihalten. Wie zur gefälligen Dekoration stehen höchst malerisch noch ein paar Vogelfelsen im Wasser; fürwahr, ein gesegnetes Fleckchen.

»Fahrt unbedingt nach Ecola.« – Wir haben die Empfehlung nicht vergessen, aber muß die Straße dahin denn wirklich so steil sein? Das Gepäck scheint uns rückwärts zu ziehen, stehend und im Wiegetritt bewältigen wir die Serpentinen. Über uns schließt sich gnädig das Blätterdach des Küstenwaldes und sperrt wenigstens die Sonne aus, dennoch läuft der Schweiß in Strömen. Drei Kilometer Schinderei, dann rollen wir hinunter auf den Parkplatz von Ecola State Park.

Wieviel würde »Kläranlagen-Joe« für diesen Blick ausgeben? Es ist vermutlich einer der schönsten, die an einer Küste möglich sind.

Die Bucht von Cannon Beach – szenische Wunder und atemberaubende Blicke

Zwei halbmondförmige Buchten breiten sich da zu unseren Füßen aus, eingefaßt von hellen Stränden. Die beiden Sicheln sind durch eine mächtige Felsbarriere voneinander getrennt, die sich als Kette einzelner großer Felsen ins Meer fortsetzt. Einige sind weiß bepudert, andere wie mit einem Kalkeimer übergossen; stinkende Hinterlassenschaft unzähliger Möwen und Kormorane. Ein Kranz feingezeichneter, bewaldeter Berge, die Coast Range, umrahmt diese zauberhafte Bühne. Hauptdarsteller ist natürlich das Meer. Der große Ozean wuchtet seine Energie ans Land, die ihm der Wind auf Tausenden von Kilometern mitgegeben hat. Drei, vier makellose Brandungszeilen, nur durchbrochen durch einzelne Felsen, formen aus dem Wasser den sanften Schwung der Buchten vor.

Nirgendwo können wir uns sattsehen an dem Spiel sich aufbäumenden und in sich zusammenstürzenden Wassers. Keine Welle gleicht der anderen, jede Wetterbedingung schafft wieder andersartige Wellen, und sie sind obendrein von Strand zu Strand, von Tag zu Tag verschieden.

Das Meer hält nie den Atem an, aber die jeweils höchsten Wellen laufen in einzelnen Schüben auf: drei, höchstens vier aufeinanderfolgend, danach vielleicht eine Minute Verschnaufpause, dann türmen sie sich erneut. Diese »Sets«, wie die Surfer sie nennen, sind früh zu erkennen. Bereits weit draußen auf dem Wasser formieren sich lange, flache Wülste und bewegen sich zügig auf die Küste zu. Sobald die Welle dann in die Flachwasserzone am Strand gerät, steilt sie sich auf. Je flacher das Wasser, um so mehr verringert sich die Wellengeschwindigkeit; nachlaufende Wellen holen vorauslaufende ein, die Wellen schieben sich zusammen. Der Kamm überholt die darunterliegende Steilwand, bildet für kurze Zeit einen Tunnel und bricht dann zusammen. Wie eine Schleppe zieht die gebrochene Woge einen Schaumteppich zum Strand.

Am Indian Beach werfen sich Surfer in schwarzen Neoprenanzügen dem Ozean entgegen. Sie liegen bäuchlings auf dem Brett und rudern schildkrötengleich mit den Armen auf die daherdonnernden Wasserwände zu. Kurz vor dem wirbelnden Schaum einer auslaufenden Welle lassen sie sich vom Brett fallen, tauchen durch, paddeln mit spielerischer Leichtigkeit auf die nächste zu, so lange, bis sie hinter der Brandung verschnaufen können. Da hocken sie dann wie schwarzglänzende Kormorane auf den Brettern, die für sie die Welt bedeuten. Jeder hat einen anderen Platz erkoren, wo ihn die nächste Welle, die ganz große, aufnehmen und ihn als euphorischen Reiter dulden wird. Geduldig dümpeln sie vor sich hin, den Blick unverwandt aufs Meer. Zeigen sich aber auf der Oberfläche zarte Andeutungen für den unmittelbar bevorstehenden Tanz auf dem Meer, kommt Hektik in die eben noch ruhig dasitzende Schar. Alle Bretter sind jetzt zum Strand hin gerichtet, die Köpfe schielen lauernd nach hinten, letzte Kurskorrekturen für den optimalen Einstieg dort, wo die Dünung sich zum *swell* bäumt, knapp neben dem Überschlag. Jetzt heißt es wie wild paddeln, genauso schnell zu sein wie der vorpreschende Wellenkamm. Den meisten läuft die Welle davon, und sie bleiben enttäuscht auf ihrem abfallenden Rücken zurück. Wehe dem, der zu früh lospaddelt oder den Umschlagpunkt falsch kalkuliert hat! Die Woge kracht über ihm zusammen, wirbelt ihn herum und drückt ihn gefährlich nahe dem Meeresgrund entgegen, während das Brett hoch in die Luft katapultiert wird. Es kann in den Rücken schlagen oder auch auf den Kopf, so ein Brett ist nicht wählerisch in seinem Ziel.

Wem aber die Meeresgötter zulächeln, wer den *take-off point* erwischt hat, für den geht die Post ab, und er wird eine kleine Ewigkeit im Paradies sein, ganz nah am Umschlagpunkt der Woge. Den Rücken zum Bogen gespannt, klettert er während der Schußfahrt auf das Brett, richtet sich auf und zischt die fast senkrechte Wasserfassade hinunter, immer verfolgt von der krausen Locke des Überhangs.

Die Wellen, die das Meer hier wirft, sind herrlich für den Betrachter, aber wenig aufregend für den Surfer. Zu gebogen ist die lange Front der vorrückenden Steilwand, zu plötzlich ihr Umkippen. Aber wahre Surfer sind Besessene ihrer Leidenschaft, und wer hat schon immer das Ticket nach Hawaii in der Tasche, zum Broadway der Szene? So sieht man sie überall dort, wo sich Wellen halbwegs passabel brechen, sieht sie abheben und wieder eintauchen, am Ende immer eins sein mit dem wilden Wasser.

Um mehr von der Küste zu sehen, muß man steile Berge hinaufklettern. Wir folgen zuerst einem kurzen Tal und steigen dann in stetigen Serpentinen durch einen lichten Wald; das Meer bleibt durch die Bäume hindurch immer in Sichtweite. Jetzt schon schwindelerregend hoch über dem Wasser, stößt der Pfad an die Abbruchkante und quert dann die Steilhänge über den Buchten.

Weit draußen im Meer duckt sich ein kompakter Leuchtturm auf nacktem Felsen. Im ruhigen blauen Pazifikwasser sieht der graue Felsen aus wie eine Festung, die nicht zu besiegen ist. Ich stelle ihn mir während eines Wintersturmes vor, und plötzlich wird daraus ein sinkendes Schiff.

Die Geschichte dieses Leuchtturmes von Tillamook Head ist nicht einmal so weit von derartigen Phantasiegebilden entfernt. In wenig mehr als einem Jahrhundert mußte er dreimal landeinwärts versetzt werden. 42 Meter ragt das Leuchtfeuer über dem Meeresspiegel auf, aber man mußte das Linsensystem durch ein Stahlgitter schützen. Immer wieder wuchtete die Brandung Felsbrocken bis zu dieser Höhe hinauf. Während eines Dezemberorkans schlug ein 60 Kilogramm schwerer Felsbrocken durch das Dach des Wärterhäuschens und zerlegte das Innere zu Kleinholz.

Ulrikes Bein mit dem Stich vom Vortag hat sich während des Fußmarsches rapide verschlimmert. Aus dem brennenden, roten Fleck ist eine faustgroße Beule geworden, wie eine Brandblase: gelbliche Flüssigkeit unter pergamentener Haut. Etwas mulmig ist uns schon, als wir nach Cannon zurücksausen. Zu spät: Apotheke und Drugstore sind schon geschlossen. Im Supermarkt bekommen wir immerhin eine Flüssigkeit gegen Insektenstiche und ein paar Pflaster. Die Riesenquaddel schwillt weiter an. Wir trauen uns jetzt nicht mehr aus dem Ort weg, aber wo sollen wir bleiben? Es ist Wochenende, einschließlich der Campingplätze ist alles voll, und einen Hiker-Biker-Platz gibt es nicht. Man schickt uns zur *walk-in clinic*, eine Art Ambulanz, aber auch hier ist niemand mehr. Vielleicht weiß man im T-Shirt-Shop nebenan Rat, kennt einen Arzt. Hinter der Kasse steht ein sonnengebräunter Mann im Tennisdreß und überschlägt gutgelaunt seine Tageseinnahme. Er wirft einen flüchtigen Blick auf Ulrikes Bein, greift sofort zum Hörer. Aber sosehr er sich bemüht, kein Arzt ist erreichbar.

»Ich mache den Laden zu und fahre euch nach Seaside ins Krankenhaus. Bringt die Räder rein und stellt sie dort drüben an die Wand.«

Dann streckt er uns die Hand hin: »Ich heiße Paul!«

Soviel Hilfsbereitschaft macht uns verlegen – können wir sie überhaupt annehmen? Inzwischen weiß ich es besser: Man kann und man soll; Amerikaner sind hilfsbereit, und *my pleasure* ist keine leere Formel, es macht ihnen einfach Spaß, anderen aus der Patsche zu helfen.

Pauls fröhliche Art ist ansteckend, und wir haben schnell vergessen, was uns eigentlich zusammenführte. Er erzählt von sich, seiner Karriere als Laienschauspieler (demnächst Hamlet!) und von Cannon Beach, läßt uns ein wenig hinter die Kulissen eines amerikanischen Touristenortes schauen. Als wir jetzt in Seaside einfahren, und uns sogleich Nebel und Nieselregen empfangen, schlägt er sich vor Vergnügen auf die Schenkel.

»Seht euch das an. Sie haben immer Nebel, während wir uns in der Sonne aalen. Das liegt an unserer Bucht und den Bergen. Verstehe nicht, wieso hier immer noch Touristen herkommen. Und die T-Shirts, Mann, sie kosten einen Dollar mehr als meine, einen ganzen Dollar.«

Das Krankenhaus ist ein respektabler Bau mit dem Charme einer Turnhalle. Paul hat uns offenbar schon angekündigt, jedenfalls kommt gleich eine Krankenschwester: »Ich bin Peggy.«

Sie krempelt Ulrikes Hose hoch und macht ein bedenkliches Gesicht.

»Sieht nicht gut aus. Ihr müßt ein paar Tage in der Nähe bleiben. Wo wohnt ihr?«

»Wir können nicht hierbleiben, es ist alles voll.«

»Dann wohnt ihr eben bei mir, ich rufe gleich Tommy an und sage, daß ihr nachher kommt.« Und weg ist sie.

Manchmal gibt es auf Reisen Situationen wie jetzt, wo das Gefühl aufkommt, die Dinge entgleiten dem eigenen Einfluß, Pläne verfliegen.

Sicher ist: Wir haben großes Glück im kleinen Unglück. Wir sind umgeben von Menschen, die es gut mit uns meinen. Paul kommt mit Kaffee für alle; gerade hat er seine Frau angerufen und sich fürs Abendessen abgemeldet.

»Dabei hat sie extra für mich Makkaroni gemacht.«

Er lacht und klopft sich auf seinen Bauch. Wir lachen mit, er ist einfach die Personifizierung der guten Laune, der Lebenslust. Die Untersuchung durch den Arzt wird fast zur Nebensache. Einen Reim kann auch er sich nicht machen auf das, was er sieht und von uns hört. Er gibt eine gewaltige Antibiotikaspritze, verschreibt ebensolche Medikamente und verhängt die Höchststrafe: eine Woche Radfahrverbot. Paul lacht: »Kein Problem. Cannon Beach ist nett. Peggy ist ebenfalls sehr nett.«

Was soll man da erwidern? Er fährt uns zu Peggys Haus und kommt gleich mit hinein. Tommy ist Geschäftskollege in Sachen »Kitsch und Nippes«, und er hat ihn ohnehin länger nicht gesehen. Ein Ire wie aus dem Bilderbuch empfängt uns: hünenhaft und rothaarig. Er hatte sich auf einen einsamen Fernsehabend eingestellt und freut sich über den plötzlichen Besuch. Das Baseballspiel wird abgedreht, und er holt Bier aus der Küche. Als er wiederkommt, bringt er Gesellschaft mit: einen knuffigen schwarzen Hund mit vornehm grauer Schnauze.

»Das ist Georgy; er ist ein sehr intelligenter Hund.«

Er sagt es mit Nachdruck. Georgy schnuppert herum, sieht uns eine Weile nachdenklich an, und dann scheint er zu grinsen. Kein Zweifel, die Mimik dieses Hundes ist wie ein offenes Buch, und es macht Spaß, darin zu lesen.

Als Peggy spät vom Dienst kommt, steht eine Batterie leerer Bierbüchsen auf dem Tisch, und wir haben viel zusammen gelacht. Tommy ist ein Unikum, ein Lebenskünstler mit wechselvoller Vergangenheit. Voll Inbrunst schreibt er Geschichten mit gleichbleibendem Thema: der perfekte Mord. Wir werden ihm Roald Dahl schicken.

Peggy zeigt uns das Gästezimmer. »Wir haben ein offenes Haus, eigentlich ist immer irgend jemand da. Macht es euch gemütlich und fühlt euch frei.«

Dann führt sie uns durch das gemütliche, originelle Haus. Beide haben es zusammen entworfen und eigenhändig, ohne fremde Hilfe gebaut. Unsere Bewunderung ist ehrlich, aber Peggy wehrt ab; es sei nicht perfekt; ein zweites könnten sie schon viel besser machen.

Anderntags beim Frühstück gibt sie uns ein wenig Einblick in amerikanische »Unternehmermentalität«. Fünf Jahre als Krankenschwester seien ihr jetzt eigentlich genug. Ein neues Haus bauen, mit Tommy zusammen, das möchte sie machen. Entweder würden sie selbst einziehen oder es einfach verkaufen; man wird nicht reich, hat aber ein ausreichendes Einkommen.

Peggy ist eine patente Frau und vielleicht typisch für den immer noch anzutreffenden Pioniergeist, der sich nicht durch Diplome und Zertifikate beeindrucken läßt, sondern direkt fragt: *Can you make it?* Amerikanische Geschichte ist keine Abfolge von Kulturepochen und Erbfolgekriegen wie in Europa, sondern Chronik eindrucksvoller Abenteuer und bewundernswerter Leistungen. Ich mag Menschen wie Peggy mit ihrem Optimismus und Selbstvertrauen und höre ihnen gern zu.

Georgy liegt am Boden, den Kopf auf den Pfoten und schielt abwechselnd zu Ulrike und mir. Er taxiert uns als Spielkameraden für den Vormittag. Wir schlendern mit ihm die kurze Straße zum Strand hinunter. Kein Bauordnungsamt dämpft hier die Lust am Wohnen, am heimeligen Experiment. Die einzige Bauauflage legt die Maximalhöhe fest, und jedes Haus hat denn auch wenigstens einen Platz mit freiem Blick auf den Ozean.

Ehe wir es verhindern können, hat Georgy einen sauber geschichteten Kaminholzstapel eingeebnet und wirft uns, Jubel in den Augen, einen Knüppel vor die Füße. So ziehen wir über den Strand, eingehüllt in pfeifenden Wind und brausendes Licht, Brandung an den Füßen. Wir werfen den Stock, bis uns der Arm schmerzt, und Georgy wird nicht müde. Aber er ist ein feiner Kerl: Sobald er sieht, daß wir fotografieren oder einen Tümpel erforschen, läßt er uns in Ruhe und fegt dafür die Möwen und Watvögel in den Himmel.

Wie Wachtürme stehen einige Felsnadeln im Meer, gewaltige Monolithen mit scharfen Graten. Es sind Überbleibsel eines längst verschwundenen Kaps, frühere Bastionen an der Küste, die vom verlorenen Kampf zeugen.

Irgendwann begreift der Reisende, daß er sich nicht nur am Westrand Amerikas, sondern vor allem am Ostrand des Pazifiks

Wir werfen den Stock, bis uns der Arm schmerzt, aber Georgy wird nicht müde

befindet. Der Ozean vor uns ist es, der den Charakter der Küste prägt, nicht das Land in unserem Rücken. Wind und Wellen zwängen sich zwischen den Felstürmen hindurch, die Luft ist voll vom Rauschen und Tosen und sprühender Gischt.

Im Ort ist Georgy kein Unbekannter, und er genießt seine Popularität. Von der Straße, aus den Läden schallt ein vielfaches »Hey, Georgy« in seine gespitzten Ohren, und manch freundschaftlichen Klaps auf den Rücken steckt er im Vorbeiflanieren auch noch ein. Wir sind richtig stolz darauf, mit einem so berühmten Hund zu spazieren.

Der Einkauf in der Apotheke hat ihm wohl zu lange gedauert. Als wir herauskommen, ist er weg. Getrennt durchstreifen wir den ganzen Ort, er bleibt verschwunden. »Keine Panik«, beruhigt man uns; Georgy sei völlig selbständig und bestimmt nach Hause getrabt.

Ulrike quält sich mit ihrem Bein, muß es dauernd neu verbinden. Dennoch nutzt sie den radfreien Tag gleich für den Waschsalon, und ich strampele gegen Abend noch einmal hinauf nach Ecola. Wolkenstreifen und Nebelfetzen kämpfen mit der Sonne, die immer wieder durchbricht. Gestern waren die Farben leuchtend, kräftig, eben »amerikanisch«. Jetzt verlaufen sie zusammen mit den Konturen wie auf einem impressionistischen Gemälde.

Diese Landschaft ist kein Ziel für Kurzatmige. Es ist, als würde auf derselben Bühne ein immer neues Stück aufgeführt, täglich, stündlich, manchmal im Minutenabstand.

Auch die Strandkulisse unseres Morgenspaziergangs hat sich verändert. Die Sonne steht tief, brodelnder Himmel und schimmerndes Licht legen einen geheimnisvollen Schleier. Zerschlissene Wolken jagen über eine blasse, kraftlose Scheibe, die Felsen sind zu schwarzen Scherenschnitten geworden. Die Flut springt in gewaltigen Sätzen auf den Strand und bringt Leckerbissen für die Schar der flink tippelnden Strandläufer. Allein das gebrochene Licht in den Wasserlachen hat etwas kupferne Wärme.

Auch am nächsten Morgen ist Ulrikes Bein noch nicht besser. Dennoch, wir wollen jetzt weiter! Wir versprechen Peggy, Anstrengung zu vermeiden und zur Not sofort das nächste Krankenhaus aufzusuchen. Ein wenig schmerzt es jetzt doch, good bye zu sagen, aber dann greifen wir wie Süchtige nach unseren Rädern. Es tut gut, wieder den Fahrtwind zu spüren. Reisende sind wir geworden, im Goetheschen Sinne, für die nicht das Ankommen zählt, sondern das Unterwegssein.

Die Straße verläuft leicht hügelig, immer in Sichtweite des Pazifiks, und wir zwingen uns zu gemäßigter Fahrt. Bei Hug Point ist noch ein Rest des Old-Coast-Highway zu sehen. Große Abschnitte der alten Küstenstraße verliefen auf dem Strand, und die Fahrt war nur bei Ebbe möglich. Hier jedoch ist eine dünne Linie in den Felsen gesprengt worden, und der Fahrer mußte sich fast am Kliff festhalten – daher der Name. Die alte Straße ist längst durch die weit weniger abenteuerliche 101 ersetzt, aber immer noch gilt Oregons altes Bundesgesetz, das kein Privateigentum an Stränden zuläßt.

Oregons Küste gehört den Reisenden, Privateigentum an Stränden ist nicht erlaubt

Ein Tunnel ist zu durchqueren, immer ein Alptraum für einen Radfahrer, noch dazu, wenn er ohne Licht unterwegs ist. Hier aber hat man sich zum Schutz der schwächsten Verkehrsteilnehmer etwas einfallen lassen: Fährt man in den Tunnel ein, drückt man einen Knopf, und die nächsten Minuten warnt ein Blinklicht alle Nachkommenden.

Die Neahkahnie Mountains schieben sich immer näher gegen die Küste vor und bescheren uns steile Anstiege und grandiose Blicke. Zu unseren Füßen liegt die Küste da, angefangen von Nehalem Bay mit der Landzunge davor, die sie fast verriegelt, bis weit hinunter nach Süden, zu markanten und vielversprechenden Kaps.

In Nehalem, am Fuß des Berges, entscheiden wir uns für eine Nebenstreckenvariante. Wir werden der Küste und ihrem Verkehr für 27 Kilometer den Rücken kehren und geraten in eine Landschaft,

Die Neahkahnie Mountains bescheren uns steile Anstiege und grandiose Blicke

die wie für Radfahrer gemacht scheint. Eine schmale, kurvige Straße ohne Verkehr in einem saftiggrünen Schwarzwaldtal, eingerahmt von bewaldeten Bergen.

Wenige kleine Milchfarmen, die Kühe stehen bis zum Bauch im Gras, zwei gutgelaunte Hunde begleiten uns ein Stück und schnappen spielerisch nach den Füßen, pastorale Stille. Es scheint, als hätte man die Zeit zurückgedreht und als wären wir jetzt auch weit entfernt vom Meer.

Die 101 hat uns wieder, und die Idylle ist zu Ende. Flach und ereignislos geht es nach Tillamook, der Käsehauptstadt Oregons. Dieser Käse füllt sämtliche Supermarktregale des amerikanischen Nordwestens, entweder in Zartrosa oder in Weiß. Welche Farbe man wählt, ist ohne Bedeutung; hat man ihn aus seinem Klarsichtgefängnis herausgeschält und beißt in das Stück Gummi, ist man auf jeden Fall überrascht: Er schmeckt absolut nach – nichts. Die Käsefabrik bietet geführte Touren für Besucher an; heute bereue ich, das freundliche Angebot ausgeschlagen zu haben. Vielleicht wäre ich hier dem Geheimnis auf die Spur gekommen, wie man völlig geschmackfreien Käse herstellt. Ein, zwei Wochen Amerika, und danach beginnen regelmäßig unsere Tagträume von Roggenbrötchen und herzhaftem Käse, von Brot, das tatsächlich noch gekaut werden muß! Amerikanisches Brot kann der Briefträger liefern: die semmelblonde, vorgeschnittene Stange zusammendrücken, unter der Tür durchschieben – dahinter bläst sie sich wieder auf. In San Francisco werden wir unsere Gelüste befriedigen, da gibt es alles! San Francisco, mein Gott, wie weit ist das noch?

Tillamook selbst ist wie sein Käse, es lohnt sich nicht, darüber zu berichten. Vor der Tür aber liegen herrliche Buchten und imposante Kaps. Keine Frage, wir werden den längeren Weg der Three Capes Scenic Route einschlagen, 64 Kilometer lang, nah am Meer und weit weg vom Verkehr der 101, die sich zu unserer Freude landeinwärts wendet und die Kliffküste umgeht.

Radfahren ohne Autoverkehr verdoppelt den Spaß nicht, es verdreifacht ihn, mindestens. Gemütlich nebeneinander her radeln wir eine stille Bucht entlang. Der Himmel hat sich vollständig bezogen, es regnet leicht. Das Meer plätschert in leisen Wellen an den handtuchschmalen Steinstrand direkt an der Straße. Er ist schwarz wie die Kiesel und die Kormorane. Sie mißtrauen uns; sooft wir anhalten, um sie anzuschauen, tauchen sie blitzschnell unter und zeigen sich erst weit entfernt wieder.

Die Straße führt stetig und steil hinauf in den Nebel am Cape Meares, und mit dem letzten Tageslicht erreichen wir den State Park. Im Licht der Taschenlampe bauen wir hinter hohen Büschen das Zelt auf und versorgen Ulrikes Bein. Es sieht immer noch böse aus, aber schlimmer ist es zumindest nicht geworden.

Die großzügige Anlage mit Parkplatz und Picknicktischen ist ein *day use*-Park. Wir sind inzwischen allein, und Zelten ist nicht erlaubt. Unser schlechtes Gewissen vertreiben wir mit der Vorstellung, daß es bestimmt nicht im Sinne der Touristikbehörde sein kann, Radfahrer im Regen, Nebel und Dunkelheit unbedingt bis zum nächsten Hiker-Biker-Platz fahren zu lassen. Zufrieden sitzen wir am Holztisch im Regenschatten einer mächtigen Fichte und verzehren unser Abendbrot.

Der fahle Finger des Leuchtfeuers in unserer Nähe huscht durch die Bäume. Bodenlos tief bricht das Kliff wenige Meter hinter unserem Zelt ab. Es steht am Rande einer engen Bucht, umschlossen von senkrecht aufragenden Felswänden, die das Stampfen der Brandung tief unter uns reflektieren und verstärken. Wellenschlag um Wellenschlag entlädt sich die Energie, die der Wind auf der größten freien Meeresfläche der Nordhalbkugel an das Wasser abgegeben hat – riesengroß fällt das Echo von den Wänden. Die unwiderstehliche Dynamik eines 10 000 Kilometer weiten Ozeans trifft auf einen unbeweglichen Körper, einen 5000 Kilometer breiten Kontinent.

Lange sitzen wir noch schweigend vor dem Zelt und hören dem wunderbaren eintönigen Lied zu. Hin und wieder zerplatzt eine besonders schwere Woge an den Uferfelsen und übertönt das tiefgestimmte Murren mit einem dumpfen Paukenschlag. Bestimmt ist es Einbildung, aber jedesmal glauben wir, ein feines Beben des Bodens zu spüren.

Gegen Morgen ist aus dem gelegentlichen Plopp einzelner Wassertropfen auf der Zelthaut ein feines Nageln geworden: es regnet. Mißmutig rollen wir das nasse Zelt zusammen. Vor uns liegt ein spektakulärer Küstenabschnitt mit zahllosen Aussichtspunkten, aber so wie es aussieht, werden wir nichts davon haben. Unschlüssig, immer noch hoffend, spazieren wir auf dem Kap herum und starren in den Nebel über dem Wasser. Gedämpft trägt der Wind Seelöwengebell und spitzes Kreischen der Seevögel aus dem weißen Nichts. Für Sekunden werden einige größere Felsinseln sichtbar und verschwinden sogleich wieder. Die Inseln sind ausgewiesen als National Wildlife Refuge und beherbergen eine Unzahl von nistenden Seevögeln.

Die Moderne hat natürlich auch vor vielen Leuchttürmen an der Pazifikküste nicht haltgemacht. Vor uns steht ein schmuckloser Steinquader, darauf ein rotierender Scheinwerfer. So also sind die »Kathedralen des Meeres«, wie sie einmal ein Dichter nannte, verkommen; zweckmäßig, wartungsfrei, automatisch und vermutlich noch leistungsstärker als ihre Vorgänger. Dennoch, ein Stück Romantik geht unwiederbringlich verloren.

Die meisten Menschen haben eine starke Sehnsucht nach dem Meer, und im Anblick eines alten Leuchtturmes scheinen sich Empfindungen zu verdichten. Es ist mehr als übliche Denkmalspflege, wenn man sie weiter hegt und pflegt, liebevoll als kleine Museen herrichtet und an den Legenden einsamer Wärter unaufhörlich weiter webt. Ich gebe es augenzwinkernd zu: Kein Leuchtturm ist vor mir sicher, unzählig sind die Eisenstufen der gewundenen Treppen, die ich schon hinauf- und hinuntergestapft bin. Ich denke, die Welt braucht mehr denn je solche Orte der Rückbesinnung und der Phantasie.

Cape Meares Lighthouse ist ein bulliger, weißer Turm mit einer Galerie, dahinter ein Wunderwerk von Fresnel-Linse. Hunderte fein geschliffener Lamellen bildeten eine Hohlkugel, die das Licht bündelte und noch 30 Seemeilen vor der Küste erkennen ließ; zu ihrer Zeit eine Meisterleistung der Optik. Man brachte sie, wie für andere Leuchttürme auch, aus Paris, auf dem langen Weg ums Kap Hoorn. Dann begann sicher der schwierigste Teil: Wie baut man an einer weglosen, unzureichend erforschten Kliffküste einen Leuchtturm? Es gab zahlreiche Verwechslungen: Einige Leuchttürme, unter anderem auch der von Cape Meares, stehen an Plätzen, die überhaupt nicht vorgesehen waren.

In dem bleiernen Nebel sieht der Wald jetzt aus wie auf einem chinesischen Aquarell. Ein Baum fesselt uns besonders: der »Octopus Tree«, eine gewaltige Sitkafichte, die sich in Mannshöhe vielarmig verzweigt. Gerade jetzt als Schattenriß sehen die acht senkrecht aufragenden Äste aus wie Tentakel eines Riesenkraken.

Kaum läßt der Regen etwas nach, rollen wir den Berg hinunter. Wenn die Aussicht schon nicht stimmt, wollen wir wenigstens gut frühstücken.

Mein Verhältnis zum amerikanischen Frühstück ist nach einem Dutzend Reisen besonders innig geworden. Ulrike meint, ich sei inzwischen süchtig danach. Tatsächlich spüre ich immer schon beim Aufstehen den unvergleichlichen Geruch von Rühreiern mit Speck in der Nase, jener Streifen, die so kroß gebraten sind, daß sie unter der Gabel zu Krümeln zerspringen. Zum Teufel mit der distinguierten Armseligkeit eines Continental Breakfast! Soll man nicht wie ein König frühstücken? In Amerika scheut man sich nicht, den morgendlichen Teller noch mit einem Schlag guter Bratkartoffeln oder wenigstens der kleingeschnetzelten Version, der *hash browns*, anzureichern. Der nächste Gang ist das Dessert, geröstetes Weißbrot, *french toast*, mit Marmelade oder Honig aus kleinen Plastiktöpfchen.

Immer noch lasse ich mich gern in die senfgelben, ebenso pompösen wie ausgelatschten Plastiksofas eines Coffee-Shops fallen, wo die nackten Radlerbeine nach einer Minute festkleben.

Oberflächlich betrachtet, sind diese ländlichen Frühstücksstuben primitiv, aber ich glaube, daß das Besondere ihrer Atmosphäre in einer seltsamen Zeitlosigkeit liegt.

Schaut man sich um, kann es draußen 1990 sein, aber auch 1950 oder 1930. Schnörkellos wie die Einrichtung sind die Menschen, meistens Männer, die hereinkommen. Sie setzen sich an die Bar, schieben die Schirmmütze ins Genick und legen schwere Hände auf die Theke. Ihre Kleidung ist keiner Mode verpflichtet; derbe Schuhe, wattierte Anoraks über groben Wollhemden. Bestimmt haben sie mit Holz zu tun; ihre Hände, ihre Gesichter sehen aus wie geschnitzt, und ich bilde mir ein, daß sie schon nach Holz riechen.

Here we go ist der überall gleiche Kommentar, wenn eine freundliche Bedienung Kaffee in dickwandige Porzellanbecher nachschenkt; Gefäße, die wie für die Ewigkeit angeschafft sind. Solch ein Frühstück bringt uns über den Tag, hilft immer gut in den Sattel. Denke ich an Amerika, dann zuerst an Rühreier und Coffee-Shops. Hier liegt mein symbolisches Amerika, hier habe ich Wurzeln geschlagen, und solange mir das Frühstück schmeckt, hat es sich noch nicht erschöpft.

Heute hat sich wohl alles gegen uns verschworen, zum schlechten Wetter gesellt sich jetzt auch noch Gegenwind. Die Männer im Coffee-Shop hatten wohl recht: »Das ist immer so, der Südwind bringt schlechtes Wetter. Fahrt ins Landesinnere, seit Wochen scheint dort die Sonne. Portland hat 45 Grad Celsius.«

Wir wollen nicht nach Portland. Die Küste ist immer noch verwirrend schön, auch wenn uns tiefhängende Wolken fast erdrücken, die Brandung heute lustlos auf die Strände rollt und die Felsinseln traurig unter bleigrauem Himmel ausgestreut sind. Netarts Bay ist ein Verwirrspiel von Landzunge, Sandbänken und Steilküste, Anschauungsunterricht für die unaufhörlichen Veränderungen des Küstensaumes.

Der Regen läuft uns aus den Schuhen, ständige Steigungen halten uns wenigstens warm. Mitleidige Blicke der Autofahrer empfangen uns, als wir nach fünf Kilometern Strampelei im kleinen Gang oben am Cape Lookout ankommen, um doch nichts zu sehen.

Wie sehr haben wir uns auf die Wanderung gefreut, hinaus zu jener berühmten Felskante hoch über dem Ozean und ihren unvergleichlichen Ausblicken. Eine Wandergruppe in schweren Stiefeln kommt eben aus dem triefenden Regenwald gestapft, bis zu den Hüften mit braunem Schlamm bespritzt.

»Könnt ihr vergessen«, lautet der knappe Kommentar angesichts unserer Turnschuhe. Sie sind selbst nach der Hälfte ihres Weges umgekehrt, als sie buchstäblich im Morast steckengeblieben waren.

Unendlich lang erscheint uns die Abfahrt; sind wir wirklich so hoch gestiegen? Ein See fliegt zu unserer Linken vorbei, friedliches Weideland, abgelöst durch ein welliges Meer von Sand, als sei hier ein Kinderspielplatz für Riesen angelegt worden. Bei näherem Hinsehen wird daraus eine Art Truppenübungsplatz: Kreuz und quer, wie ein regelloses Netz, überziehen Fahrspuren die Buckel und zerfransen die Hänge. Kurz darauf empfängt uns das häßliche Geräusch hochdrehender Motoren, und da schiebt sich auch schon ein roter Helm über den Kamm einer Düne. Der Fahrer steht über einem dreirädrigen Gefährt, das auf den ersten Blick nur aus dickwulstigen Gummirädern besteht. Fast kopfüber schießt er jetzt den Steilhang herunter, ähnlich einem Wellenreiter vom Kamm einer Surfwoge, und entfernt sich röhrend in ein Dünental.

Landzungen und Buchten, Sandbänke und Steilküsten zeugen von unaufhörlichen Veränderungen

Dune buggies heißen diese seltsamen Spaßmacher, die uns sporadisch bis nach Südkalifornien begleiten werden. Gibt es irgendwo ein größeres Dünengebiet, ist die Straße plötzlich voll von Trucks mit den moppeligen Dreirädern auf der Ladefläche. Lust am Fahren und am Draußensein schufen dieses Freizeitvergnügen, sehr zum Ärger engagierter Umweltschützer.

Auch Cape Kiwanda ist ein einziger Spielplatz, aber hier wird nichts zerstört. Ruderboote, Kajakfahrer, Wellenreiter fordern die

Wellen heraus und erhalten prompt ihre Lektionen; Hanggleiter schweben sacht von Dünengipfeln herab oder werden von einer plötzlichen Böe in den Boden gerammt, andere »surfen« auf bloßen Füßen sandige Steilhänge herunter. Im auslaufenden Flachwasser vergnügen sich Kinder mit *skim boards*, einem spielerischen Aquaplaning: Ein flaches Holzbrett wird im Laufen aufs Wasser geworfen, man springt hinterher und gleitet pfeilschnell wie an der Schnur gezogen dahin, manchmal fünfzig Meter weit. Jeder, der hier durch die Dünen ans Meer stapft, hat eine Kamera umgehängt; die leuchtend gelben, zernagten Sandsteinkliffs mit den ungestümen weißen Brechern gehören zu den meistfotografierten Höhepunkten an der Küste.

Erneut ist eine Regenwand vom Meer herangeweht und verschluckt uns im düsteren Licht. Die Reifen sprühen Wasserfontänen, Zelt und Schlafsack werden noch klamm sein von der letzten Nacht, nichts zum Essen in den Packtaschen – bislang keine rosigen Aussichten für den Abend. Aber bald müßten wir in Pacific City sein; der Name macht doch was her, vielleicht gibt's dort sogar ein Motel.

»City« hieß in den Tagen der Pioniere wohl alles, wo sich zwei Wege kreuzten und ein paar windige Hütten aufgestellt waren. Pacific City hat sich noch nicht allzuweit davon entfernt, aber dort hinten, am Ende der einzigen Querstraße, lockt eine Kette buntgestrichener Holzhäuschen, verspricht ein Motel trockene Zuflucht. Die Frau an der Rezeption hat ein Vogelgesicht und eult lange auf das Schlüsselbrett, welches Zimmer sie uns denn nun geben soll. Die Schlüssel sind vollzählig, niemand ist hier. Als sie Nummer eins vom Haken fingert, lacht Ulrike: »Psycho!« Ich hatte den gleichen Gedanken. Anthony Perkins wurde eben lebendig, wie er in Hitchcocks Klassiker seine bedrückende Herberge verwaltet. Die Tür klemmt, offenbar ist sie lange nicht mehr geöffnet worden. Mit Schwung bekomme ich sie auf und fliege gleich hinterher – auf ein ekelhaftes Bett. Die Luft ist zum Schneiden, und ich atme auf, als ich wieder draußen bin. Die Wirtin ist nicht einmal verwundert, als ich ihr den Schlüssel zurückbringe. Resigniert hängt sie ihn an den Haken:

»Fahrt eine halbe Meile nach Süden, da gibt's noch ein Motel, ist aber viel teurer.«

Sie hat recht, aber es ist sauber und zweckmäßig eingerichtet. *Clean* ist das Klo, garantiert durch die Banderole über dem Deckel, staubfrei die Zahnputzbecher in Zellophantütchen. Es dauert fünf Minuten, und die flüchtige, gesichtslose Herberge hat den Charme einer Obdachlosenunterkunft. Höchst unpassend lehnen unsere Räder an einer Schleiflackkommode, nasses Zeug hängt über Rahmen, Lenker und Sattel, die Zeltbahn baumelt von der Gardinenleiste. Ich lümmele mich quer auf dem King-size-Bett, aus dem Bad wabern warme Nebel, plätschern die Geräusche von Wasser und menschlichem Wohlbehagen. Wie ein Tabernakel thront ein Uraltfernseher auf einer Wandkonsole, seine diebstahlsichere Verschraubung empfinde ich als Beleidigung. Bei welchem Kanal der Drehknopf auch einrastet, ist gleichgültig: Entweder ich freunde mich endlich mit Baseball an, oder ich lasse mir etwas verkaufen. Das Spiel mit der Keule auf dem grünen Tortenstück sagt mir nichts, aber die Werbesendungen, die *commercials*, machen Spaß. Endlich begreife ich die Amerikaner; sie sind nicht nur sparsam (was mir völlig neu ist), nein, sie sind geradezu sparbesessen. Jede Werbebotschaft nennt zuerst, was man sparen kann, bei diesem Auto oder jenem Rasenmäher, der eigentliche Preis wird zur Nebensache, vielleicht am Ende sogar das Produkt.

Mir schwindelt der Kopf – in einer halben Stunde könnte ich ein gemachter Mann sein, bei dem, was ich alles spare! Ich muß nur jetzt zum Hörer greifen (kostet nichts) und bestellen (wird abgebucht); ich brauche nichts weiter als meine Kreditkartennummer ins Telefon zu stottern. Es muß nur jetzt sein, sofort, auf der Stelle, *right now*. Ein fabelhaftes Land.

Über die nachtleere Landstraße tippeln wir zum Restaurant am Ende des langen Dorfes. Es regnet nicht mehr, es schüttet. Uns stört es nicht, unsere komfortable Unterkunft wird dadurch noch heimeliger. »Küche geschlossen« werden wir empfangen, aber der Hinweis auf zwei hungrige Radler macht die beiden Mädchen dann doch schwach, und sie verwöhnen uns mit feinem Fisch.

Wenige morgendliche Kilometer, und die 101 hat uns wieder; unser Kapabstecher ist zu Ende. Die Szenerie ist jetzt eher zurückhaltend, aber dennoch von starkem Reiz und ständig neuen Bildern. Offene Ebenen wechseln mit engen Tälern, dichte Wälder mit weitläufigen Buchten der Salzmarschen, wo Sumpfgras knalliges Gelb in den Himmel feuert.

Am Strand von Lincoln City ist der Himmel gepflastert mit knatternden Drachen, wie sie nur Amerikaner erfinden können. Familien beim Picknick und Angler in Ruderbooten bevölkern verträumte Buchten; Pelikane unterhalten uns mit perfekten Formationen und fliegerischen Kunststückchen; eine sanfte Landschaft.

Auf einer hohen Brücke überqueren wir die Einfahrt zur Depoe Bay, angeblich der »kleinste Hafen der Welt«. In der Tat ist die Zufahrt einem Loch in den Felsen ähnlicher als einem Hafen. Unvorstellbar, bei schwerem Seegang durch das felsstarrende Nadelöhr zu schlüpfen. Ein halbes Dutzend Boote dümpelt in dem Felsschüsselchen vor hochaufragenden Wänden.

Drei Kilometer im Süden, wo sich das Land ins Meer vorschiebt, fegen ungeheure Gischtfontänen in den Himmel, da müssen wir hin. Wir radeln durch winklige Sträßchen einer versteckten Siedlung und finden den richtigen Ort. Sorgfältig suchen wir uns wahre Logenplätze aus, wie in einem Theater. Zu unseren Füßen findet gerade die Abendvorstellung statt: auflaufende Flut, anbrandend gegen das südliche Ende von Depoe Bay, Oregon. Acht Meter unter uns bewegt sich eine breitrückige, schwere Dünung auf die »Loge« zu, im nächsten Augenblick wird sie die rundgeschliffenen Felsen hinaufschnellen, uns holen und wieder hinabfahren in den tödlichen Malstrom. Die Regie hat es anders vorgesehen. Rücklaufendes Wasser hält die anrollende Gewalt auf, friert die Bewegung für einen Moment ein, und dann wächst ein riesiger Wellenhang in die Höhe, als wolle er das Hindernis überspringen. Eine makellos klare, tiefstehende Sonne durchflutet die Wasserwand und läßt sie golden leuchten. Kräftiger Wind fegt die Locke des Wellenkammes in die Luft und zerstäubt sie zu sprühender Gischt; ein imponierender Federbusch zum Schmuck der Woge. Knapp vor den Felsen stürzt sie zusammen und entlädt ihre verbleibende Gewalt in hochschießenden Fontänen, zieht ganze Wasservorhänge in die Höhe. Immer wieder springen wir auf, weichen ein paar schnelle Schritte zurück und sind doch nach einer Weile patschnaß.

Von unserer Kanzel aus können wir auch die Wellen verfolgen, die parallel zur Küste weiter in die Bucht einlaufen. Wir sehen tief hinein in den geöffneten Schlund, diese tosende, rollende Röhre. Ich selbst bin kein Surfer, habe ihnen aber so oft zugeschaut, daß ich Wellen unwillkürlich mit ihren Augen begutachte. Dies hier wäre ein schöner *curl* für einen perfekten *tube ride*, das Höchste in der Szene: Hineinsausen und sich ducken in der elliptischen Röhre, ein paar Sekunden lang umschließen lassen von einem blaugrünen Kokon aus Wasser, um dann knochentrocken wieder aus der *pipeline* herauszuschießen. Dennoch, es wäre schierer Selbstmord, hier zu surfen. Reflektierte Wellen laufen in alle Richtungen, kommen aus der Bucht zurück und prallen auf die ungebrochene Gewalt einer heranstürmenden Woge. Die gegeneinander gerichtete Wucht explodiert auf der Stelle, bäumt Monsterwogen auf, spitze Dächer von mehr als zehn Metern Höhe. Wir sind hingerissen, merken kaum, wie uns der Wind ausgekühlt hat. Als wir gehen, betrachten wir nachdenklich die Reihe hübscher Wochenendhäuser, die dem Küstensaum weit nach Süden folgt. Es ist einer der Augenblicke, wo wir uns fragen, ob wir nicht vielleicht doch auf der falschen Seite der Erdkugel leben . . .

Wir umrunden Whales Cove, eine traumhaft schöne Sandsteinbucht mit ruhigem, tiefem Wasser. Zweimal im Jahr machen Walherden hier Rast auf ihrer langen Reise von der mexikanischen Baja California zur Beringsee, am Rande des arktischen Packeises. Im Frühjahr ziehen die Grauwale hinauf und zu Beginn des Winters wieder zurück in die warmen Gewässer, wo die Jungen zur Welt gebracht werden. Hoch über der Bucht, hart an ihrem abstürzenden Rand, liegt ein Restaurant. Der vielversprechende Blick läßt uns einkehren, und wir treffen keine schlechte Wahl. Auf den Fenstertischen stehen Ferngläser, mit Ketten angebunden.

»Ihr seid drei Monate zu früh. Was meint ihr, was es hier im November zu sehen gibt!«

Die Wirtin entschuldigt sich fast für die walfreie Bucht, als sie mit Schwung unser Essen auf den Tisch knallt. Wir essen pazifische Hausmannskost, aber vom Feinsten: Muschelcremesuppe, Kammmuscheln und Lachs, sorgfältig mit Käse- und Sahnesoßen abgeschmeckt. Die Küche ist fast genial, dabei sind Ambiente, Publikum und Wirtin eher grob. Immer wieder kommt sie, drückt ihren kugeligen Leib gegen unseren Tisch und zeigt auf den Lachs. »Schmeckt's euch?« Sie wartet die Antwort nie ab, sondern lacht jedesmal ein rauhes, kehliges Lachen. Ob wir denn satt würden, mein Lachsstück sei vielleicht etwas klein ausgefallen? Ich finde das keinesfalls, aber sie ist nicht zu beirren, verschwindet in der Küche, und ehe ich mich's versehe, liegt wieder ein duftendes rosafarbenes Fischstück auf meinem Teller. Wir enttäuschen die gute Frau nicht, aber nach Radfahren steht uns der Sinn nun wirklich nicht mehr. Wie praktisch, daß dem fabelhaften Restaurant gleich eine kleine Lodge angeschlossen ist! Ob sie wohl noch ein Zimmer zum Meer hat? Sie hat; und so wuchten wir die Räder eine enge Holzstiege empor zu einem behaglichen, holzgetäfelten Zimmerchen mit Ausblick auf die schäumende Bucht und freuen uns schon jetzt auf das Frühstück.

Wie herrlich ist es (und wie selten haben wir das Vergnügen), den Tag mit Dusche und American Breakfast zu eröffnen. Auch die Natur präsentiert sich jetzt wie frischgewaschen, nachdem die Sonne den letzten Morgennebel verscheucht hat.

Die 101 entläßt uns für ein Weilchen, und wir sind allein auf einem Abschnitt des Old-Coast-Highway, ein schmaler Ritz in senkrechten Felsabstürzen. Lange und stetig windet er sich hinauf zum Cape Foulweather, grüne Tunnels wechseln mit schwindelerregenden Blicken. Für uns ist es das letzte Kap dieser Route, für James Cook war es nach langer Reise von Hawaii wieder der erste Kontakt mit der Neuen Welt. Seine Namensgebung »Foulweather« verrät es: Das Wetter dürfte ihn nicht allzu freundlich empfangen haben. Tatsächlich ist es alles andere als ein lauschiges Plätzchen; furiose Stürme, die mit hundert Kilometern in der Stunde über das Plateau hinwegfegen, sind eher die Regel als die laue Brise, die uns gerade angenehm den Schweiß trocknet.

Schlechtwetterkap, Kap der Enttäuschung, Insel der Vernichtung, Kap der Schmeichelei . . ., die Bezeichnungen von Landstrichen oder auch von Orten ist lebendige Geschichte, läßt hochfliegende Wünsche und herbe Enttäuschungen nacherleben. Für mich ist es immer eine Freude, eine amerikanische Landkarte zu studieren, wo die Namen eben noch nicht wie im alten Europa bis zur Unkenntlichkeit abgeschliffen sind.

Es gibt Tage, wo wir nicht recht vom Fleck kommen, und das sind dann die schönsten. Ein kleiner Abstecher nach dem anderen will erkundet werden; so wie jetzt »Devil's Punchbowl«, eine farbenprächtige Sandsteinschüssel hinter einer Naturbrücke, durch die sich ungestüm eine bewegte Dünung drückt und gurgelnd und schmatzend in der teuflischen Schüssel schwappt.

Draußen, nicht weit vor der Küste, kreuzt ein einsamer Grauwal. Immer dann, wenn ein weißer Atemstrahl hochschießt, taucht der grau gesprenkelte schwarze Riese aus der Flut und bläst drei, vier weitere bauschige Fontänen in die Luft. Dabei ist der massige Körper leicht gekrümmt und zeigt deutlich die charakteristische Buckelreihe an der hinteren Rückenpartie. Beim letzten »Blas« schlägt die Schwanzflosse aus den Wellen, und er taucht für einige Minuten in größere Tiefen. Wie ein riesiger Stoßzahn schiebt sich plötzlich der mit Seepocken übersäte Kopf langsam hoch, ragt steil aus dem Wasser, und sinkt dann, nach hinten fallend, wieder hinab. Vermutlich sind diese Manöver eine Art Orientierungssprünge, um vertraute Landmarken zu erkennen. Bis vor 100 Millionen Jahren lebten die Vorfahren der heutigen Wale auf dem Land, dann kehrten sie ins Meer zurück. Dabei hat der Grauwal die stärkste Neigung zum Land bewahrt, tummelt sich zur Freude der Touristen gern im küstennahen Seichtwasser, oft in weniger als einem Kilometer Abstand vom Ufer.

Weithin sichtbar, wie ein Ausrufungszeichen, steht ein schlanker, weißer Leuchtturm auf einer Landspitze: Yaquina Lighthouse.

Wir folgen der Stichstraße; herrlich angelegt, folgt sie in sanften Schwüngen dem welligen Gelände. Hinter der letzten Kurve liegt das Ende des Kaps vor uns, als hätte man einen Bildband für Meerverliebte aufgeklappt. Eine blonde Frau steht am Straßenrand hinter einer Staffelei und aquarelliert geschickt und voller Hingabe die Szene: Das Ende des Plateaus ist schwarz, zernagt, senkrecht abfallend, umzingelt von schäumender Brandung.

Ein wenig nur landeinwärts plötzlich dichter Bewuchs: saftiges, hohes Gras, Blumen; mittendrin der Leuchtturm. Nicht irgendeiner, sondern *der* Leuchtturm schlechthin, wie ihn vermutlich jedes Kind malen würde: über grellweißem Mauerwerk hoch oben eine graue Metallkanzel, darauf ein flacher, rotlackierter Hut. Im Windschatten duckt sich ein weißes Häuschen mit einem ebenso roten Dach. Kein noch so tüchtiger Fremdenverkehrsmanager hätte dieses Arrangement besser erfinden können. Die Hauptattraktion dieses Fleckchens weit vor der Küste entdeckt man erst an seinem Ende. Isoliert zwar, aber nur einen Steinwurf entfernt liegt eine gewaltige Felsinsel vor uns, spärlich bewachsen, begraben unter stinkendem Guano, bevölkert durch Hunderte von Seevögeln. Kormorane sind die Herrscher dieser Bastion; andere Vögel fallen kaum auf, und selbst die Möwen geben sich eher zurückhaltend.

Ein Münzfernrohr bringt uns mitten hinein in das wimmelnde Leben auf den kahlen Felsen. Dicht an dicht stehen die schwarzen Vögel und hecheln mit zuckenden Hälsen. Kommen sie vom Fischzug zurück, suchen sie sich einen Felsvorsprung und trocknen ihr Gefieder. Sie spreizen die Flügel in den Wind und erinnern dabei an betende Geistliche.

Wolken von juckenden Fliegen fallen über uns her und lassen uns hinter dem Fernrohr tanzen wie Marionetten; der Gestank nimmt den Atem, dazu der Anblick der sich drängelnden Kormorane auf ihrer öden Klippe. Nach menschlichem Maß könnte so die Hölle aussehen. Für andere ist es ein Paradies; kaltes, nährstoffreiches Tiefenwasser drückt an dem Kontinentalschelf nahe der Küste nach oben. Es wird durchgewirbelt, wobei sich der Sauerstoffanteil noch beträchtlich erhöht, und schafft damit günstige Voraussetzungen für die Entstehung astronomischer Mengen von Plankton. Diese winzigen Meeresorganismen bilden die Nahrung vieler Fische, die selbst Beute von Vögeln, Robben und Seelöwen sind.

Auf der Südseite des Kaps führt ein Pfad in eine steinige Bucht. Die Brandung hat die grauen Kiesel im Lauf der Zeit perfekt geschliffen: fast ideal rund und gleich groß, etwa wie ein Taubenei; dazu sind sie so glatt, daß sie wie Seide glänzen. Unweit vor dem Strand verdösen Robben den Tag. Wie hingegossen liegen sie auf spitzen Klippen, immer wieder überspült und gekühlt von anbrausender Dünung.

Ein freundlicher Ranger leiht Ulrike sein Fernglas, und sie ist hingerissen, mag es kaum wieder hergeben. Ich sehe es ein, bei aller Liebe zum minimalen Gepäck: Ein Fernglas ist ein Muß an dieser Küste! In Newport holen wir also das längst Versäumte nach, nehmen uns Zeit für die Auswahl und verlieben uns dann doch in das teuerste.

Auf einer hohen Brücke geht es aus Newport hinaus, danach bleibt die Straße eben und folgt genau dem Küstenverlauf und den brandenden Buchten. In Sea Gulch stehen Holzfiguren Spalier; gewaltige Braunbären recken die Tatzen, monströse Eichhörnchen, Märchenfiguren. Das Werkzeug der Künstler ist die Motorsäge, mit der sie die Skulpturen aus kompakten Baumstämmen herausarbeiten. Na ja, unserem Geschmack entsprechen die Machwerke nicht.

Seal Rock verspricht eine würdige Einweihung, aber selbst unser fabelhaftes Fernglas bringt keine Robben heran. Dafür steht wie Wehrtürme vor bröckelndem Ufer eine Kette schwarzer Felskegel im Wasser, jeder für sich ein gewaltiger spitzer Berg. Trügerisch ruhig, als atme der Ozean friedlich, hebt und senkt sich die Dünung am Fuß der Felsen, um dann plötzlich, wie aus dem Stand, mit unvorstellbarer Gewalt dreißig Meter die steile Flanke emporzugischten, noch über die Spitze hinweg.

Solche Attacken können die Felsen sogar von innen heraus sprengen: Durch Wasser in natürliche Felsspalten eingeschlossene und komprimierte Luft übt so gewaltige Druckkräfte aus, daß das Gestein nicht mehr standhält.

Felstrümmer aller Größen im goldfarbenen, weich flutenden Licht begleiten uns noch auf einer entspannenden Abendfahrt, und zufrieden schlagen wir unser Zelt am kleinen Beachside State Park auf. Neben uns »zelten« zwei junge Mädchen, sie liegen einfach auf dem Tisch, die Packtaschen an den Rädern sind kaum größer als Portemonnaies. Sie sind aus Portland, beradeln jeden Sommer die Traumküste vor ihrer Haustür.

»Seit vier Jahren schon, und es gefällt uns immer besser.«

Ein Zelt haben die beiden nicht, bei Regen schützt ein Stück Plastikplane.

»Viel Gepäck ist doch gräßlich!«

Das finde ich schon lange, sehe mir interessiert die Minitäschchen an.

Argwöhnisch betrachtet mich Ulrike: »Du willst doch wohl nicht mit noch weniger auskommen?«

Die Berge haben sich wieder nah an die Straße geschoben. Die Topographie beschert uns kräftige Steigungen, aber auch szenische Wunder und atemberaubende Blicke. Kaum sind Kamera und Fernglas verpackt, kramen wir alles wieder heraus – dazwischen liegt oft nur ein Kilometer. Wir rätseln in Yachats über eine Handvoll geduckter Häuser, die sich ungeschützt am Ende eines niedrigen Felsplateaus dem Ozean förmlich darbieten, wie eine Herausforderung an den nächsten Wintersturm; wir freuen uns bei Strawberry Point an dem flachen Steinkissen im Brandungsriegel, auf dem sich träge Robben und muntere Seelöwen duschen lassen. Die Straße spult vor uns ab wie in Cinemascope; rechts blauer Ozean; schwere Dünung rennt gegen eine felsstarrende Küste.

Seit ein paar Tagen sehen wir immer wieder einen Japaner auf einem überladenen Rennrad. Einige Male schon sind wir an dem armen Kerl vorbeigefahren, wenn er verlegen grinsend und schulterzuckend im Straßengraben sitzt und Platten flickt.

In Cape Perpetua siegt leider die Faulheit über einen steilen Abstecher zum Aussichtspunkt; heute könnten wir uns dafür ohrfeigen. 240 Kilometer Pazifikküste wären von dort zu übersehen gewesen. Wir nehmen lieber einen bequemen Weg hinunter auf kahle Felsterrassen, die von der Ebbe gerade freigelegt sind. Die Dünung des Niedrigwassers poltert dumpf gegen die Abbruchkante und wirft klatschend Wasservorhänge auf die Bühne. Ja, es ist wie eine Bühne, was zu unseren Füßen ausgebreitet liegt, eine Zurschaustellung des Lebens auf dem Meeresboden. Unzählige Gezeitentümpel liegen da, in denen sich lebende Mosaike nach jedem Gezeitenwechsel zu immer neuen Bildern arrangieren. Die Vielfalt und Pracht dieser farbenprächtigen Pflaster aus Muscheln, Schnekken, Seepocken und Algen ist für uns verwirrend, von der Natur jedoch wohlgeordnet eingerichtet.

Vorherrschende Pflanzen sind grüne, rote oder braune Algen, die ihren Mitbewohnern Schutz und Nahrung bieten. Dazwischen klammern sich weiße Seepocken und blaue Miesmuscheln an den Wänden fest oder auch nur aneinander, wobei sie kompakte Klumpen bilden. Sie bewegen sich nicht von der Stelle fort und können kurze Trockenperioden überdauern.

Aufregender, besonders für den Betrachter, ist die Gemeinschaft von Tieren, die bei Ebbe in den Tümpeln gefangen sind. Die hereinkommende Flut stellt für sie größte Gefahr dar, wenn die Brandung das Wasser in den Löchern und Spalten verwirbelt und alles mitreißt, was nicht genügend fest verankert ist. Krebse flüchten dann in Ritzen, die Seeanemonen zieht ihre Tentakel ins Körperinnere zurück, Seesterne und Napfschnecken nutzen ihre gewaltigen Saugkräfte, und der Tang entgleitet der Reibung der Wogen durch eine Gelatineschicht. Korallenriffe in tropischen Gewässern sind kaum bunter als dieses Kaleidoskop aus leuchtend roten Seeigeln, orange- oder purpurfarbenen Seesternen und den bizarren Blumengärten von Seeanemonen.

Immer enger klammert sich die Straße an die Hänge, immer dramatischer wird die Küste: Namen wie Devil's Elbow sprechen für sich. Die Straße bohrt sich jetzt durch die Felsen, steil geht es bergauf um eine schäumende Bucht, und dann bleibt uns die Luft endgültig weg – des Blickes wegen.

Kein Zweifel, dieser Platz ist der vorläufige Höhepunkt, und er dürfte schwerlich zu überbieten sein! Mit großer Gewalt drückt sich die Brandung in die felsige Bucht; theatralischer Hintergrund sind zwei ähnlich geformte und etwas versetzte Kaps. Höhepunkt aber, am Rand der Klippe, ist der Leuchtturm mit den geduckten Häuschen dahinter. Die Reminiszenz an den Spanier Heceta, der den

Columbia als erster ahnte, gab diesem Ort einen würdigen Namen: Heceta Head.

Einen Kilometer weiter: Parkplatz, Gift-Shop, Touristenrummel. Tief unter der Straße liegen die Sea Lion Caves, ein Paradies wohl für Seelöwen, aber auch für ihre Betrachter. Ein gewundener Fußweg, gespickt mit Fernrohren, erschließt einen Teil der Klippe. 20 Meter unter uns hat sich eine Seelöwenkolonie auf einem Plateau versammelt, dicht gedrängt, um sich zu sonnen und zu bellen. So unbeholfen sie auch über die Felsen robben; im Wasser sind sie schnelle und elegante Schwimmer. Mit Hingabe tummeln sie sich in der grünschimmernden Dünung, tauchen unter und befriedigen ihren riesigen Appetit.

Dieser wurde Robben und Seelöwen schon einmal zum Verhängnis. Lange Zeit sah man in ihnen lediglich lästige Konkurrenten bei der Jagd auf Lachs und Heilbutt; die kanadische Regierung setzte sogar Abschußprämien aus. Fast schon zu spät wurden sie endlich unter Schutz gestellt.

Wieviel ärmer wäre diese Küste ohne die flegelhaften Unterhaltungen von Stellers Seelöwen!

Ihren Namen verdanken die 800 Pfund fetten Kolosse einem deutschen Naturforscher: Georg Wilhelm Steller, der schon 1741 die Pazifiklachse klassifizierte, begleitete Vitus Bering auf einer russischen Expedition und führte ausführliche Beobachtungen von Meerestieren an der amerikanischen Westküste durch.

Ein Fahrstuhl im Fels bringt uns 70 Meter hinab auf Meeresniveau, setzt uns in einer feuchtkalten Höhle ab, die nur zum Meer Ausgänge besitzt. Das Grölen, Bellen und Rülpsen einer Hundertschaft von Seelöwen bricht sich in dem riesigen Gewölbe und verschwimmt zu einem diffusen Lärmteppich; ich muß unwillkürlich an einen südländischen Bahnhof denken. Durch ein hohes Brandungstor nach Westen wird die algengrüne Grotte halbwegs erhellt; der zweite Zugang von Süden her ist ein langer, enger Tunnel. Die Besucher stehen abseits im Dunkeln und werden von den Tieren nicht wahrgenommen. Es ist ein lebhafter Ort, alles ist in Bewegung. Selbst in dem geschützten Bassin brandet das Wasser über Felsen und gischtet die Wände hinauf: eine willkommene Landehilfe für die schwerfälligen Körper. Unentwegt schwimmen sie zum großen Tor hinein und hinaus, mit ihren geschmeidigen, wellenförmigen Bewegungen scheinen sie in der Dünung zu tanzen. Auch an den Felsen gibt es kein Verschnaufen: Ständiges Rangeln und Schubsen um die besten Plätze oder gar die Spitze einer Felsnadel hält sie in Bewegung. Ulrike zeigt mir ein anmutiges Seelöwenmädchen auf einem winzigen Felsen. Klein, glatt und schön sitzt sie unbeweglich da, der hochgereckte Kopf läßt sie noch schlanker erscheinen. Im Wasser ist Aufruhr. Eine Horde Halbstarker tänzelt begehrlich um das Inselchen herum, dicht an dicht, und buhlt um Aufmerksamkeit. Die nette Schwarze sieht es gar nicht: Sie hat die Augen geschlossen.

Nebenan thront im narbenübersäten Pelz ein altehrwürdiger Vertreter seiner Spezies über einem Gewusel balgender Jugend. Demonstrativ blinzelt er drüber hin. Sein Platz wird von niemandem in Frage gestellt. Ein paar Stufen hoch über dem Wasser hat das Gewölbe noch einen Ausguck nach Norden. Im Mittelpunkt des unvergleichlichen Bildes steht der Leuchtturm auf der Klippe. Immer wieder schieben sich vom Meer Nebelschwaden in die Bucht, weiß driftend wie Wolken, und lassen ihn für Minuten verschwinden. Unmittelbar vor unserer Aussichtskanzel türmt sich die ungeschützte Steilküste aus weiß kochendem Wasser, bevölkert von unzähligen Kormoranen. Der Leuchtturm feuert seine Botschaft durch den Nebel.

Nach einer Stunde treibt uns die Kälte wieder nach oben, wir tauen uns mit heißem Kaffee auf, und schon bin ich mit der Kamera wieder unterwegs. Ich suche mir einen Platz oberhalb der Bucht und sauge wie ein Süchtiger die Bilder des Schauspiels unter mir ein. Die Küste ist jetzt vollständig in bräunliches Licht getaucht; nicht etwa stumpf, sondern mit einem Hauch von Gold abgetönt. Weiß heben sich die Brandungszeilen vom blaugrauen Wasser ab, weiß ballt sich der Nebel, der in dieser Aufführung Regie führt. Er verschluckt Kap und Leuchtturm und gibt sie wieder frei, manchmal schwebt das Leuchtfeuer wie ein Trugbild über dem Wasser.

Die tiefer sinkende Sonne und der sich ständig verschiebende Nebel erzeugen in der Bucht eine Serie von dramatischen Kontrasten, als habe die Küste ein Abenteuer zu bestehen, das sich jeden Tag wiederholt.

Ich vergesse die Zeit, und als ich nach einer knappen Stunde zu Ulrike zurückkomme, hüpft sie vor Kälte bibbernd von einem Bein aufs andere. Sie schimpft nicht, sieht mir an, daß ich gute Fotos mitbringe vom Ankerplatz unserer Träume.

Wir sind jetzt auf der Straße allein, es ist fast dunkel, und der Nebel legt sich klamm auf die Haut. Gemächlich rollen wir in die Nacht, tief unter uns bellen Seelöwen. Wie richtig war es, diese Tour mit dem Rad zu machen! Eingeschlossen im Auto hört man nicht, wie die Küste lebt, man riecht sie nicht, diese unvergleichliche Mixtur von salzigem Nebel, Fisch und Möwenschiet.

Nördlich von Florence verfransen wir uns in nachtdunkler Einsamkeit auf obskuren Nebensträßchen, die entweder im Kreis oder nirgendwohin führen. Mehr durch Zufall landen wir in einem kahlen Wohnmobilpark, aber wer beschreibt unsere Freude, als wir von einem Restaurant erfahren, nur einen Kilometer entfernt.

Ein *tourist resort* hat man hier ans Meer gestellt, ein Strandkönigreich; steril, weiß und kühl. Wir trauen uns kaum hinein, aber man empfängt uns freundlich, übersieht geflissentlich unsere schmuddelige Erscheinung und geleitet uns an einen schön gedeckten Tisch. Wir lassen uns bewirten wie die Fürsten, trinken zur Feier des beglückenden Tages kalifornischen Rotwein und taumeln spät in unser Hüttchen.

Es ist für uns beide nicht ohne Reiz, sich ruhig ein wenig dem Zufall zu überlassen, die Kontraste von Hungern und Schlemmen als etwas hinzunehmen, was die Abwechslung auf einer Reise und die Erinnerung daran nur erhöhen kann. Natürlich ist man unabhängig, wenn man stets sein eigenes Kochgeschirr auspacken kann, aber ich gebe zu bedenken, daß Unabhängigkeit auch immer ein wenig Isolation bedeutet.

Anderntags ist der Strand übersät mit Watvögeln, *Sandpiper* heißen sie hier, und ich finde diesen Namen ungleich treffender für

Tödliches Geflecht für Gepanzerte – Krebsfallen in Florence

die fröhlich tippelnde Schar. Die letzte Flut hat den Tisch neu gedeckt für Tausende hungriger Schnäbel. Dort, wo der Sand feucht glänzt, ist ihr Paradies. Sie folgen dem ablaufenden Wasser; wie ein winziger Preßluftbohrer pflügt der dünne Schnabel durch den Sand, pickt nach Kleinstkrebsen, Strandfliegen und Weichtieren. Flach auf den Strand züngelnde Wellen treiben die Meute wieder zurück, sie scheinen das Wasser zu fürchten wie der Teufel das sprichwörtliche Weihwasser. Dünne Beinchen schwirren dann unter unbeweglichen Körpern, als bewegten sie sich auf Rädern. Sie schauen sich nicht um, und Wasser scheint die Füße fast zu berühren; ich habe aber nie beobachtet, daß sie doch einmal von einer unerwartet hohen Welle hereingelegt wurden. Ist die Woge verströmt, eine Kehrtwendung, und das Spiel beginnt von neuem.

Fliegen sie auf, verschwindet der Horizont. Wie ein riesenhaftes Tuch wedelt der Schwarm über den Himmel, abrupt wechseln Richtung und Farbe: braun, weiß und wieder braun. Ein paar fesselnde Manöver, und die Formation fällt wie ein Stein auf den Sand zurück.

Unter schattigen Bäumen folgen wir einer schlauchartigen Bucht landeinwärts. Die Enge der Wasserstraße, es ist die Mündung des Siuslaw River, wird noch betont durch einen gleichbleibend hohen Wall leuchtender Dünen, die steil aus dem dunklen Wasser aufragen. Zwei auslaufende Fischtrawler scheinen die stürzenden Hänge fast zu berühren; es sieht aus wie ein Kanal in der Wüste.

Dort, wo sich der Schlauch im Hinterland zu einer vielarmigen Bucht erweitert, eingerahmt von bewaldeten Hügeln, liegt Florence. Farbige Holzhäuser leiten hinab zu einem geschäftigen Hafen. Auf dem hölzernen Pier stapeln sich flache Drahtzylinder zu mannshohen Türmen. Die Krebssaison ist für die Berufsfischer beendet, und die Krebsfallen werden ausgebessert und gereinigt. Drei Männer in gelbem Ölzeug waschen die stinkenden Holzkästchen aus, in denen Köder zum todbringenden Marsch durch die Einbahnstraße lockten.

Die Zufahrt nach Florence gab schon einen Vorgeschmack; ist man aber über die eiserne Zugbrücke aus dem Ort hinaus, beginnt eine Sandlandschaft ungeheuren Ausmaßes: die großen Dünen von Oregon. Die felsstarrende Küste wird für die nächsten 65 Kilometer unterbrochen durch ein weich flutendes Meer aus gelb leuchtenden Kämmen, Gipfeln und Graten; eine kleine Sahara am Pazifischen Ozean.

Der barfüßige Marsch ans Meer ist lang und kraftraubend. Wir folgen einem fortlaufenden Grat mit einem Kamm, der sich in elegant geschwungenem Bogen hebt und senkt.

Um uns herum eine Endlosigkeit wellenförmiger und parabolischer Kurven mit mannigfach gegliederten Oberflächen. Quer zur Windrichtung ist ein faszinierendes Wellenmuster aufgelegt:

Eine Endlosigkeit wellenförmiger und parabolischer Kurven in wogendem Sandmeer

Rippelmarken, die in der Sonne ein ständig wechselndes Muster aus Licht und Schatten ergeben.

Grüne Inseln liegen ausgestreut im wogenden Sandmeer. Es sind herrliche Oasen aus dichten Pinienwäldchen und kleinen flachen Seen. Weit im Westen schimmert der Pazifik, die Entfernung ist, ähnlich wie in der Sahara, kaum einzuschätzen. Eine tiefgestaffelte Kette gelber Wälle liegt jetzt quer vor uns: Hat man sich in dem grundlosen, fließenden Sand hinaufgekämpft, stolpert und rutscht man den abbröckelnden Steilabfall auf der anderen Seite wieder hinunter, um gleich den nächsten Kamm in Angriff zu nehmen. Die Sonne brennt heiß und wird von den Hängen noch verstärkt. Das Meer will nicht näher kommen. Wir geben es irgendwann auf und kehren um.

Der wandernde Sandteppich ist für die Wälder ein schleichender Tod

Oregons Dünen gehören zu den höchsten und ausgedehntesten der Welt. Mehr als 200 Meter messen die höchsten Gipfel dieses wandernden Sandteppichs, der sich an manchen Stellen vier Kilometer landeinwärts erstreckt. 60 Millionen Jahre Erdgeschichte, ein wechselvoller Weg von tropischer Küste, Gebirgserhebungen und Erosion, Vordringen und Zurückweichen von Eispanzern hinterließen sanft geneigtes Gelände, ideal zur Entstehung von Dünen. Was wir sehen, ist lediglich eine Momentaufnahme eines unablässigen Kreislaufs. Flüsse tragen den Sand ins Meer, er driftet an die Küste und wird vom Wind wieder ins Land getrieben. Bis zu eineinhalb Meter im Jahr bewegen sich die Dünen, und wo die Wüste in die Kiefer- und Wacholderbestände vordringt, ist sie ein schleichender Tod. Die Baumwurzeln erhalten keinen Sauerstoff mehr; die Bäume ersticken und bilden einen Saum bizarrer Skelette.

Unmittelbar hinter der Dünenlandschaft passieren wir zwei größere Seen, die sich buchtenreich ins Hinterland erstrecken. Vor langer Zeit lagen sie wie zahllose andere hier in einem Küstenstreifen, der bei jeder Flut überspült wurde. Sandbänke, Landzungen und Dünen riegelten die meerwassergefüllten Senken ab; Regen und Bäche aus den Gebirgen verwandelten sie allmählich in Brackwasser- und schließlich in Süßwasserseen. Das Meer ist sehr nah und hätte die Seen als Buchten einverleiben können, aber auf dem flach geneigten Grund fehlt dem Wasser die Energie, durch die Sandbarrieren dauerhafte Abflußrinnen zu graben.

Im Rücken der Dünen ist die Fahrt beschaulich bis langweilig, sieht man von den Holzlastergeschwadern ab, die mit ihren portionierten Stämmen im Schlepp dem nächsten Sägewerk entgegendonnern. Von hohem Hügel aus sehen wir ihr Ziel: Gardiner, malerisch gelegen an der Winchester Bay.

Der Flecken selbst ist nicht einfach häßlich – er ist ein Schock in dieser friedvollen Umgebung. Eine monströse Papierfabrik jagt Rauchschwaden in den blauen Himmel Oregons, als wolle sie ihn unwiderruflich weiß lackieren.

Neben der Durchgangsstraße dehnt sich das Holzlager. Wir spazieren zwischen hohen Wällen aufgeschichteter Baumleichen herum, kaum einer unter zwei Metern im Durchmesser. Es riecht schwer und würzig. Der Schnitt der Säge hat ihre Biographien offengelegt; jede für sich ist einmalig, unverwechselbar. Uralte Gesichter sehen uns an, die in den feuchten Nebeln Jahresring um Jahresring angesetzt haben. Geisterhaft leise rollt ein Portalkran herbei und fingert Nachschub vom Stapel.

Auf der anderen Straßenseite, dort, wo die Holzlaster scharf in das umzäunte Lager einbiegen, lockt uns der Lebensmittelladen. Sollte ein Filmregisseur amerikanische Tristesse und Hoffnungslosigkeit einfangen wollen: hier wäre sein Platz. Die leeren Regale

Arbeitsbeschaffungsmaßnahmen auf amerikanisch – »Glagnen« ersetzen die Baustellenampel

sind mit wahllosen Plakaten zugehängt, in einer ausgedienten Gefriertruhe liegen ebenso ausgediente Oberhemden, in der dunklen Ladenecke dämmern auf krummen Bügeln Sakkos beharrlich am modischen Wertewandel vorbei. Im Sortiment dominiert vermeintlich Nützliches: Hot dogs und Popcorn. Frische Lebensmittel gibt es überhaupt nicht, und auch das Konservenangebot besteht vorrangig aus Bohnen. An der Kasse hängt die obligate Pinwand mit handgeschriebenen Bekanntmachungen, Kaufgesuchen und Angeboten aus zweiter Hand, Verlustmeldungen.

Dennoch, wir finden, was wir suchen, Kekse und Orangensaft, setzen uns zur Vesper unter einen schattigen Baum und spinnen die Geschichte, was wir wohl anfangen würden, wenn uns das Schicksal zum Leben in diesem trübsinnigen Nest verdammen würde. Die großen Zeiten der Holzindustrie sind dahin, und die Depression ist überall ablesbar.

Welchen ungebrochenen Charme haben dagegen die Fischerorte, wie jetzt zum Beispiel Winchester Bay. Hohe Bergrücken schirmen die Bucht ab und schützen sie vor dem rauhen Zugriff des Pazifiks. Ein schweißtreibender Umweg hinauf in die gebirgige Waldlandschaft belohnt uns am Umpqua-Leuchtturm mit einem prachtvollen Blick über die weitläufigen Dünen und den hohen Brandungsriegel an der Mündung der Bucht.

Gute 30 Kilometer südlich läuft die Dünenlandschaft aus. Wieder zieht sich eine Bucht tief ins Hinterland; die hohe Brücke über den Meeresarm führt direkt in hektische Betriebsamkeit. North Bend und Coos Bay, zwei miteinander verschmolzene Städte, umrahmen den größten Hafen und bilden das wichtigste Handelszentrum an Oregons Küste. Dieser Staat hat ein Herz für Radfahrer: Übersichtlich postiert, leiten uns die Hinweisschilder der *bike-route* auf beschaulichen Nebenstraßen durch den urbanen Brei. Es fährt sich schön, fernab der geschäftigen 101. Wir folgen der Bucht dem Meer entgegen und nehmen die Stichstraße zum Cape Arago, dort werden wir zelten.

Wir hören sie lange, bevor wir sie sehen. Erst sind es nur gelegentliche Geräuschfetzen, die der Wind heranträgt, dann verdichtet es sich zu vielstimmigem Akkord: das Nonstop-Seelöwen-Orchester. Ein halbes Dutzend Eilande, schmale Riffkanten bis hin zu größeren Felsplateaus mit umgebendem Strand, ragen aus dem flachen Wasser und verschwinden gleich wieder unter schwergewichtigen Leibern – träge Robben und muntere Seelöwen einträchtig nebeneinander.

Ein Mann in einem Ruderboot hält geradewegs auf ein etwas abseits gelegenes Inselchen zu. Die Seelöwen haben ihn längst bemerkt, grölen ihm entgegen, wiegen entrüstet die hoch aufgerichteten Körper hin und her. Das Boot ist auf vielleicht 50 Meter herangekommen, als sich die Tiere entschlossen, wie auf Kommando, von der Kanzel herunterstürzen. Fast gleichzeitig klatschen die Leiber auf das Wasser, sind für eine kurze Zeit verschwunden und tauchen, als würden sie an der Schnur gezogen, gleichzeitig wieder auf. Wie Kegel ragen sie hoch aus dem Wasser und umzingeln in bedrohlicher Nähe den Eindringling. Das Bellen klingt aggressiv; es ist keine Neugier oder gar Spiel, was sie hertrieb. Der Mann im Boot hat die Warnung verstanden. Vorsichtig und offensichtlich erschrocken macht er kehrt, noch ein Weilchen eskortiert von den aufgebrachten Säugern.

Wir klettern das Kliff hinunter zu den schmalen Felsbändern am Ufer, wo sich ganze Galerien von Gezeitentümpeln offenbaren. Nach kurzer Zeit bin ich so in den Mikrokosmos vor mir vertieft, daß ich den Seelöwenbullen erst wahrnehme, als er mir bereits dicht am Ufer seine ganze Verachtung entgegenrülpst. In kurzen Bahnen schwimmt er herrschsüchtig vor mir auf und ab, bei den Wenden darauf bedacht, den kolossalen Körper möglichst hoch aus dem Wasser zu wuchten. Dabei schaut er mich wütend an, sein drahtiger Schnurrbart zittert vor Erregung. Was will er von mir? Seinem sabbernden, stinkenden, grunzenden Harem draußen auf der Insel bin ich doch bestimmt nicht zu nahe getreten! Offenbar sieht er es selbst ein, läßt als letzte Warnung noch ein ohrenbetäubendes, höhnisches Bellen zurück und wendet sich übellaunig wieder den zahlreichen braunen Kühen zu. Bestimmt wird er sie ärgern.

Am Ende des Kaps, versteckt unter moosbehangenen Bäumen, gibt es einen einfachen Hiker-Biker-Platz. Unser japanischer Radfahrer sitzt vor seinem Zelt, grinst und repariert mit Akribie und Kreuzstich ein paar Schlauchreifen. Sonst ist niemand hier. Im Licht des verlöschenden Tages erkunden wir die Landspitze.

Vergessen ist das Intermezzo der großen Dünen; hier ist die Küste wieder wild und uneinnehmbar, geprägt von zerstörerischer Wucht des Ozeans. Die Erde trägt einen falschen Namen. Nur wenig mehr als ein Viertel ihrer Oberfläche ist festes Land. Seien die Kontinente auch noch so groß, sind sie doch nur Inseln in ungeheuren Meeren. Die Vorstellung, daß auf den nächsten 10 000 Kilometern bis nach Asien nicht einmal ein Inselchen die Wasserfläche durchbricht, ist befreiend und beklemmend zugleich.

Am nächsten Morgen regnet es. Die Seelöwen stört es nicht, das Konzert schallt eher noch lauter als gestern. Den Japaner wohl auch nicht, er ist längst unterwegs. Hoffentlich hat er nicht schon wieder einen Platten. Uns stört der Regen. Wir nehmen die erste Gelegenheit wahr, die Räder abzustellen, und gehen im Shore Acres Park spazieren, einem botanischen Garten mit Pflanzen aus aller Welt. Die zurückkehrenden Holzfrachter brachten sie mit von ihren langen Reisen, und ein wohlhabender Privatmann schuf diese exotische Oase.

»Seven Devils Road« heißt die Straße durch die Einsamkeit. Eine Weile rätseln wir über den Namen, bis es uns nach zwei »teuflischen« Steigungen kurz hintereinander dämmert, und wir gleichzeitig auch ahnen, was noch vor uns liegt. Dennoch macht es Freude, offenbar allein unterwegs zu sein auf kurvigen Nebensträßchen durch weltabgeschiedene, ländliche Idylle. Urplötzlich werden aus dem Regen wahre Sturzbäche. In Fluten läuft das Wasser die Straße herunter. Wir flüchten auf die nächstbeste Farm und verkriechen uns in einem Geräteschuppen.

Es ist ein völlig verwahrlostes Anwesen; Menschen sind keine hier, aber zwei große Doggen und ein Schäferhund im Haus nehmen unser Eindringen wütend wahr. Drohend zeigen sie sich am Fenster; sie geraten außer Rand und Band, bellen sich in Hysterie mit überschnappenden Stimmen. Die Tür der Bruchbude wackelt schon bedrohlich in der Füllung, und wir beten, sie möge dem Ansturm gewachsen sein. Eine Stunde hält uns der Platzregen gefangen, und als wir gehen, sind die Hunde heiser.

Wer nur genau genug hinschaut, entdeckt an vielen Stellen den stetigen Wandel der Nordwestküste, begreift auf anschauliche Weise den nie endenden Erosionsprozeß. So wie hier, südlich von Bandon, wo die Brandung eine Kette halbmondförmiger Sandstrände ausgeschürft hat. Wo sich die Sicheln berühren, stehen in vorderster Front massive Felstürme aus hartem Gestein und formen jeweils ein kleines Kap. Die kurze Landbrücke zum Festland besteht aus weicherem Sandstein; an einigen Stellen haben die Wellen schon Hinterschneidungen geschaffen, unbedeutende Verbindungen zunächst, die aber bald tiefer ausgespült werden und die Monolithen allmählich isolieren. Ist ein nachgiebiger Küstenrand jetzt seiner Armierung beraubt, wird er noch schneller zerstört und abgetragen. Auf diese Weise geraten die Felsen immer weiter ins Meer und säumen als steinerne Kolosse höchst malerisch die Küsten Oregons und Nordkaliforniens.

Die Strände selbst entstehen und vergehen an immer neuen Stellen. Mit dem Ende der letzten Eiszeit, also vor etwa 4000 Jahren, stieg das Meer durch schmelzende Gletscher auf sein heutiges Niveau an. Zerklüftete Klippen wurden zu waschbrettartigen Felsbändern abgetragen, in denen bei Flut Kiesel und kleinere Felsbrocken herumgewirbelt werden und sie weiter und tiefer ausschmirgeln. Sind sie so weit abgeschliffen, daß eine felsige Plattform unter der Wasserlinie bleibt, ist der Unterbau des künftigen Strandes bereitet. Jetzt dauert es nur noch wenige Jahrhunderte, bis ein echter Sandstrand entstanden ist; schmal und eingeengt durch steile Klippen, aber mit feinem, tiefem Sand. Der Gesteinsschutt wird dabei immer feiner zermahlen, weitere Sedimentfrachten abgeladen; pro Tag und Küstenkilometer können die Meeresströmungen 550 Tonnen Erosionsmaterial anlanden, das sie irgendwo anders weggeschwemmt haben. Bei Cape Shoalwater in Washington hat der Sandstrand in manchen Jahren schon 60 Meter eingebüßt.

Auf einem kleinen Hügel stehen zwei Radfahrer. Sie lehnen entspannt über dem Lenker, schauen aufs Meer und wiegen sich im Takt der Musik aus ihren Kopfhörern. Es sind fröhliche Burschen von vielleicht 25 Jahren. Pat und Andrew arbeiten rund um die Uhr auf einer schwimmenden Fischfabrik in Alaska und haben sich jetzt eine Woche Urlaub spendiert.

Pat kann wohl nicht sprechen, ohne dabei zu lachen. »Wir sind in Coos Bay gestartet, wollen nach San Francisco.« Er lacht. »Ich hab' eine Schwester da unten, sie kann uns dann noch ein paar Tage die Stadt zeigen.«

Pat und Andrew – Mut ersetzt die Planung

Er lacht wieder. Ulrike und ich schauen uns an.

»Wieso ein paar Tage? Wie weit ist es noch, habt ihr mal 'ne Karte?«

Sie haben keine, wissen aber auch nicht, wie weit es ist. Jetzt lachen wir alle.

»In vier Tagen sind wir da, todsicher!«

Diesmal lacht er nicht. Die doppelte Zeit wäre vielleicht realistisch, für trainierte Radfahrer.

Nun gut, die beiden haben stramme Muskeln, aber als wir ein Stück zusammen fahren, wird schnell klar, daß sie eigentlich gar nicht radfahren können.

In viel zu großen Gängen stampfen sie die Steigungen hinauf, die Kette rasselt und knirscht erbärmlich. Sie klagen denn auch schon über Schmerzen in den Knien, obwohl erst 56 Kilometer hinter ihnen liegen. Etwas entschuldigend meint Andrew: »Es ist unsere erste Radtour.«

Ich mag die beiden. Sie haben das, was ich an Amerikanern immer bewundere, den Mut nämlich, etwas anzupacken, ohne es vorher totzuplanen. »See you«, sagen sie zum Abschied, was unwahrscheinlich ist. Sie winken uns hinterher, haben wieder die Kopfhörer auf, und ich bilde mir ein, sie treten zum Rhythmus der Musik.

Die nächsten 40 Kilometer fliegen dahin, ohne daß uns eine Attraktion nach der anderen aus dem Sattel holt. Die 101 weicht den Küstenbergen aus, wendet sich landeinwärts durch hügeliges Farmland, und statt Salzluft umfächelt uns würziger Duft von Pinien, Gras und Vieh. Die Ortschaften sind so klein wie ihre Namen exotisch: Langlois, Denmark, Sixes.

In Port Orford stößt die Straße wieder ans Meer, und wie um uns zu entschädigen, zeigt die Küste so opulente Bilder, daß uns die Augen übergehen. Beschleunigter Filmverbrauch ist die Folge. Das Meer ist gespickt mit weiß leuchtenden Vogelfelsen; schroffe Kliffs, an denen sich die Straße entlanghangelt, wechseln mit gelben Hängen vor dunklen Wäldern. Lange begleitet uns noch der eindrucksvolle Kegel des Humbug Mountain, an dessen Hängen die Luft emporstreicht und zu einem gewaltigen Wolkenpilz kondensiert. Der Berg sieht aus wie ein rauchender Vulkan.

Nachdem sich der Highway durch Schafweiden hindurch, die wie stumpfes Gold schimmern, zum Meer hinabgesenkt hat, folgt er ihm so getreu, als sei er die Uferpromenade. Die Strände sind durchsetzt mit glitzernden Wasserläufen, die Abendsonne vergoldet Treibholz zu kostbaren Skulpturen. Die Straße ist frei vom Verkehr; die Tagesgeschäfte sind erledigt und die Trailer längst im sicheren Hort eines Campingplatzes. Die Schatten wachsen wieder und neigen sich nach Osten, werfen schwarze Balken über die Straße. Es sind die schönsten Stunden für uns. Die Reifen sirren, die Räder rollen wie von allein, wir fahren uns in Euphorie. Wir denken nicht daran, daß wir nichts zum Essen gekauft haben und uns irgendwann einen Platz für die Nacht suchen müssen. Wir wollen nur fahren, fahren, fahren und werden nicht müde. Die Berge sind kleineren Hügeln gewichen; »rolling hills« werden sie treffend genannt. Wir verstehen die Bezeichnung als Herausforderung: mit aller Kraft hinuntersausen und drüben möglichst im großen Gang wieder hinaufkommen.

In Gold Beach sehen wir einem makellosen Sonnenuntergang zu, kaufen schnell das Nötigste für den Abend ein, greifen wieder nach den Rädern und gleiten in den Abend. Cape Sebastian setzt den unerwarteten Schluß der radfahrerischen Idylle. Steil und scheinbar endlos zieht sich die Straße im Wald hinauf, während jetzt sehr schnell die Nacht hereinbricht. Diesmal ist die Abfahrt kein Genuß, es ist mehr ein halbblindes Hinuntertasten vom großen Berg mit dem mulmigen Gefühl, jederzeit unvermutet über einen Stein oder ein Aststück fahren zu können und zu stürzen. Endlich gibt uns der Wald frei, vor uns liegt Strand. Wenige Minuten später steht unser Zelt, und beruhigendes Brandungsrauschen nebst einem Budweiser lösen die Spannung der Nachtfahrt.

Wir haben im Dunkeln keine schlechte Wahl getroffen. Pazifische Nachtmusik lullt uns in einen langen Schlaf, und als die Morgensonne erste Strahlen auf den Strand wirft und die weitläufige Bucht farbig ausmalt, könnte so für uns das Paradies aussehen: Natur wie am Morgen der Schöpfung. Im Nu ist unser Zelt abgebaut, und wir stromern ohne Ziel in der Bay herum; laufen durchs Wasser, klettern auf Felsen, beobachten Vögel. Knurrende Mägen zwingen uns aufs Rad, ein Coffee-Shop wäre jetzt schön.

Pistol River, 2 Miles lockt uns ein Schild ins Hinterland; dabei sind wir mehr belustigt über den Ortsnamen als in ernsthafter Erwartung eines Frühstücks. Menschen sehen wir dort nicht; lediglich ein paar Kühe im gelben hüfthohen Gras lassen vermuten, daß es noch kein Geisterort ist. Im Grunde besteht er aus einem viereckigen weißen Kasten, der an der Vorderfront durch eine Arkade aufgelokkert ist. Hier dämmern zwei uralte Zapfsäulen dem nächsten Gebrauch entgegen, und wenn wir im Geist die fehlenden Buchstaben ersetzen, muß der Kasten selbst der Supermarkt sein. Er hat ohnehin geschlossen. Hinter einem verstaubten Fensterchen sind ein paar Buntstifte dekoriert und gehäkelte Überzüge für Blumentöpfe.

Etwas seltsam Anrührendes geht von diesem Ort aus, er nimmt uns gefangen. Vom Supermarkt wie auch von der Handvoll weiterer

Der Platz für die Nacht mag noch so schön gewesen sein, die Neugier auf Kommendes verdrängt den Wunsch zu bleiben

Häuser pellt sich einstmals weiße Farbe wie schmutziger Sonnenbrand, zerschlissene Autositze stehen als Bank vor der Tür, zerbrochene Fensterscheiben sind durch Pappe ersetzt. Es ist ein Ort, der nichts hat und gleichzeitig alles, wie in einem Naturschutzgebiet für Menschen.

Die Wildnis beginnt gleich hinterm Haus, wo man mit Glück einen Bären oder Puma beobachten kann. Über den sanft gewellten Bergen kreisen Habichte im Aufwind vor einem Himmel, an dem es nichts zu mäkeln gibt: Er ist blau mit kleinen weißen Farbmustern drin, die zeigen sollen, wie blau ein Himmel sein kann, wenn er an der richtigen Stelle hängt. Schneeweiße Wolkenbänke rollen die Hänge des Küstengebirges herunter. Als ich die Habichte zähle, komme ich auf zwei Dutzend.

Traumverlorenheit liegt über dem Land. Ein Flugzeug zieht einen Kondensstreifen über den Himmel:

ferne Ermahnung an die Neuzeit. Wir sehen die flüssigen Kolonnen der Wohnmobilmonster drüben auf der Küstenstraße und nehmen sie wahr wie von einem anderen Stern.

Im weiteren Verlauf der Küste setzt es Naturwunder am Stück, alles übersichtlich beschildert und nicht drängeln bitte. Die Traumbuchten und Parkplätze sind vollgestellt mit Bungalows auf Gummirädern, manche mit zwei Eingängen, wie Reihenhäuser. Abgespannte Männer in jugendlichen Hosen klettern heraus und zierliche alte Damen mit blaugetönten Haaren, einen adrett frisierten, wohnmobiltauglichen Hund im Gefolge.

Wir sind oft und gern mit den reisefreudigen Pensionären ins Gespräch gekommen. Vielfach sind sie in kleinen Verbänden unterwegs, zwei oder mehr Gespanne, die durch Sprechfunk auch während des Fahrens verbunden bleiben. Nach einigen Monaten sind sie alle wieder da, wo sie zuletzt Wurzeln geschlagen haben. Jetzt holen sie nach, als junge Alte, was ihnen ein Arbeitsleben lang nicht vergönnt war. Zwei Wochen Jahresurlaub ist in Amerika die starre Regel; was bleibt da zum Kennenlernen dieses riesigen Landes?

Anders als in Europa ist das Traumland, das Land, »wo die Zitronen blühen«, auf dem nordamerikanischen Kontinent nie der Süden gewesen. *Going west* ist immer noch die ererbte Losung, als diffuses Versprechen (es ist nie zu spät!), als vage Hoffnung auf das große Glück und die große Freiheit an der Westküste. Besonders dann, wenn man aus dem anderen Amerika kommt, aus Illinois etwa; dort, wo es Winter gibt und kein Silicon-Valley und ausgefallene Lebensweisen, sondern grobe Arbeit in Autofabriken.

Wir haben Rentner gesprochen, die ihren gesamten Besitz verkauft hatten und nun im Wohnmobil ruhelos, wie Fliegende Holländer, durchs Land ziehen. Was sie auf ewig, so lange sie das Lenkrad halten können, umtreibt, habe ich nie zu fragen gewagt. Greifen die Wurzeln nicht so tief in diesem Land der dünnen Tradition, ist es Kompensation eines armseligen, verpfuschten Lebens oder einfach ein vererbter Instinkt der Altvorderen, der Pioniere im Planwagen? Dabei gehört die Mikrowelle an Bord schon zur Grundausstattung;

Oregons Küste – bizarr, wild und bergig – bescherte uns atemberaubende Blicke und rasante Talabfahrten

der Luxus rollt mit, und auch die tiefverwurzelte Angst vor allem Fremden, »Nichtamerikanischen«. Im hitzeflirrenden Süden der Baja California wurde mir halbverdurstetem Radfahrer Wasser gereicht; gutes amerikanisches Wasser aus San Diego, über eineinhalbtausend Kilometer fern. Nicht im Traum wäre das freundliche Ehepaar während seiner vierwöchigen Rundreise auf die Idee gekommen, für ihr leibliches Wohl irgend etwas Mexikanisches zu akzeptieren.

Unter uns hat der Ozean das große, harte Felsenherz des Landes bloßgelegt. Kein Strand schützt die schroffen Klippen, keine Barriereriffe oder vorgelagerten Inseln. Arch Rock, Thunder Rock Cove,

Natural Bridge Cove, Rainbow Rock sind klangvolle Namen atemberaubender Stationen. Steinerne Brücken, Bögen, Höhlen, allesamt von der Brandung gemeißelt, sind pittoreske Zwischenstationen auf dem Weg der Zerstörung. Anbrandende Wellen umfluten und vergrößern unablässig alle Spalten und Risse, tragen den Fuß der Felsen ab, bis ein unterspülter Überhang schließlich zusammenstürzt. Die Reste werden langsam meerwärts transportiert, weiter aufgespalten und sind jetzt Munition für neue Angriffe gegen die Klippe. Nachweislich sind sogar 7 Tonnen schwere Blöcke von einzelnen Wellen 20 Meter weit bewegt worden.

Vor uns taucht Brookings auf, der letzte Ort in Oregon. Es ist schon spät, und der Tag war lang, obgleich wir nicht weit gekommen sind. Die Beine sind noch frisch, aber der Kopf ist voll mit beglükkenden Bildern. Harris Beach fügt noch eines hinzu. Als wir dort ankommen, ist die Bay blutrot. Eine Phalanx von Felsen aller Größen marschiert ins Meer, feingezackt wie Scherenschnitte. Ein paar zerschlissene Federwölkchen sind auf den Himmel getupft. Picknickkörbe werden ausgepackt, Barbecues sorgen für würzigen Duft: Brookings Bevölkerung freut sich am natürlichen Spektakel vor der Haustür. Es ist wohl doch etwas dran am zu Tode geknipsten Szenario der Linie und des roten Balles. Wir sollten denen glauben, für die es Alltag ist und die ihm doch täglich neu verfallen. In Neuseeland und auf Bali, in Florida und Südamerika habe ich die Menschen abends an Strände pilgern sehen. Was wäre diese Küste ohne Sonnenuntergänge? Die Menschen wären anders, kein *easy going* mehr; man blicke nur hinüber an die Ostküste, nach Boston oder Baltimore!

4 Kalifornien – Redwoods, Kliffs und heitere Verrücktheit

»Heureka« heißt das Staatsmotto Kaliforniens, was soviel bedeutet wie »Wir haben es gefunden«. Was auch immer damit gemeint ist; auf jeden Fall findet mein Hinterreifen endlich den Stein, auf den er schon seit Vancouver wartet, der ihm jedenfalls ein ordentliches Loch verpaßt.

Eben passierten wir die Staatsgrenze, die auch wirklich wie eine solche aussieht. Die uniformierte »Agriculture Inspection« fragt nicht nach Pässen, sondern nach mitreisendem Obst und Gemüse; wir haben keines. Gleich hinter der monströsen Durchfahrt wird die Straße schlecht, und die großzügig bemessene Fahrradspur Oregons ist wehmütige Erinnerung. Sei's drum, wir sind im gelobten Land, der Wind schiebt kräftig, und gleich werden wir eine neue Rand-McNally-Karte aufklappen.

Unsere Gesichter werden lang. Zwei Staaten und ein bißchen Kanada liegen doch schon hinter uns, aber jetzt geht es wohl erst richtig los; mehr als 1600 Kilometer sind es noch bis nach Mexiko! Vom 42. zum 32. Breitengrad, eine Reise wie von Madrid nach Marrakesch. Immer wieder fällt das europäische Greenhorn herein und will es nicht wahrhaben: Alles ist größer hier, die Bäume, die Autos, die Steaks und eben auch die Entfernungen. Dabei sind wir nicht schlecht im Zeitplan. 1400 Kilometer in 14 Tagen. Und die Beine werden täglich kräftiger – da werden wir »den kleinen Rest« schon noch schaffen.

Viehweiden, Lilienfelder und Smith River als »Welthauptstadt der Osterglocken« geleiten uns zur weitläufigen Halbmondbucht, die der Holzfällerstadt an ihrem Ufer den Namen gab: Crescent City. Es ist Ebbe, und wir können hinüberlaufen zum malerischen Leuchtturm auf einem baumbestandenen Kliff. Auf der gegenüberliegenden Seite der Bucht fallen grüne Berge steil zum Meer ab. Sosehr ich die Augen auch zusammenkneife, ich kann dort drüben keine Küstenstraße nach Süden entdecken. Eine Ahnung beschleicht mich – sollten wir in die Berge klettern müssen? Ich verdränge die Vorstellung und schaue wieder zum Feuerball über dem Horizont, der sich gerade scharlachrot verfärbt. Die Ebbe zwingt uns zum Rückzug, wir würden gern länger bleiben.

Im kleinsten Gang kurbeln wir bergauf in schweigsamer Dämmerung rötlicher Baumriesen. Wir sind eingetaucht in die urzeitlichen Wälder Nordkaliforniens, die Redwoods. Endlos windet sich die Straße, das spärliche Dämmerlicht verfärbt sich bläulich und erlischt dann ganz. Endlich neigt sich das dunkle Band in die Ebene zurück, eine kurze Abfahrt – und wir müssen wieder klettern. Mill Creek Campground bietet sich an, allerdings vier Kilometer ab und bestimmt irgendwo im Tal. Nein, die mühsam erstrampelte Höhe geben wir nicht für Abstecher her.

Hätten wir es doch getan! Dem zweiten Berg folgte noch ein dritter, und es wird eine Horrorfahrt. Durch nachtschwarzen Wald und neblige, offene Schneisen, an schwindelerregenden Felswänden hoch über dem Ozean und den Lichtpünktchen der Fischerboote führt uns die Straße endlich wieder an einen Strand. Nur selten erhellten Autos für Sekunden die Straße, Ulrike tat hinten ihr Bestes mit einer funzelnden Taschenlampe. Sie ist sauer, zu Recht; schließlich hatten wir das gleiche gerade am Cape Sebastian erlebt. Warum packt mich auch immer abends der Ehrgeiz, noch etwas zu »schaffen«? Als wir genüßlich an der flachen Bucht aus Crescent City herausradelten, hatten wir beide keine Ahnung, was uns noch bevorstehen würde.

Unser Zelt duckt sich jetzt gut geschützt zwischen angedrifteten Baumstämmen, wunderbarerweise steht ein Picknicktisch am Strand, und im verlöschenden Schein der Taschenlampe lassen wir uns leckere Salate schmecken. Ich versuche, der Nachtfahrt noch etwas abzugewinnen: »Freu dich doch, den Berg haben wir hinter uns. Möchtest du morgens mit so etwas anfangen?«

Ulrike sagt nichts, und ich ärgere mich auch so genug – über die im Dunkeln verpaßten Aussichten.

I survived the 101 prangt auf einem T-Shirt in der Auslage des Coffee-Shops. Drohende Holzlaster umranken den Stoßseufzer, Warntafeln zeigen alle denkbare Unbill der motorisierten Welt.

Ungefährlich ist es hier für uns wirklich nicht: unübersichtlich die engen Kurven der engen Straßen, abrupter Wechsel von gleißendem Licht und Dunkelheit unter den Bäumen, rasende Holzlaster und unsichere alte Herren am Volant ihrer rollenden Eigenheime.

Im Prairie Creek Redwoods State Park gönnen wir uns Erholung von der Straße und ziehen los zu einer Wanderung an den Strand. Der Park ist reich an Wild; die erhofften Schwarzbären sehen wir zwar nicht, aber in der nebligen Einsamkeit der Küste lassen uns kapitale Hirsche, die Roosevelt Elks, dicht herankommen. Wir laufen durch einen naßkalten, schlüpfrigen Canyon, dessen steil aufragende Wände über und über mit triefenden Farnen bedeckt sind, und kehren zurück durch kühle, aber durchsonnte Stille.

Der Highway fädelt sich weiter durch die mächtigen Wälder, ehe er sich überraschend zur vierspurigen Autobahn erweitert. Wir sind sogar dankbar, gibt es doch endlich wieder etwas Platz um uns herum. Natürlich fragt man sich, ob so für die 101 die Zukunft aussehen wird.

Auf einer Nebenstrecke gelangen wir wieder an die zersägte Küste. Tief unten, wir hören sie nur, toben Seelöwen, oben besprengen Menschen selbstzufrieden ihre Gärten. Wir kommen mit einer Frau ins Gespräch, und es ist wie so oft: Ihr früheres Leben spielte im mittleren Westen; jetzt ist sie angekommen, wo sie schon als Kind sein wollte, vermietet im Sommer zwei Zimmer ihres Häuschens und lebt mit der täglichen Gegenwart ihrer verwirklichten Träume.

Die wenigen Kilometer bis Trinidad werden wir unterhalten von zahllosen Seelöwencombos. Ein junger Aufsteiger fällt uns auf, der eine exponierte Felsklippe, sechs, acht Meter hoch, erobert hat und sich offensichtlich im Triumph sonnt. Verdient hätte er es. Auch das Fernglas läßt nicht erkennen, wie er die glatte Steilwand bewältigt haben könnte – wir hätten es jedenfalls nicht geschafft.

Trinidad war früher eine wichtige Walfangstation. Heute ist dieser ideale Naturhafen – eine weite, aber gut geschützte Bucht – übersät mit Sportbooten aller Klassen. Höchst dekorativ, hoch am Klippenrand, gibt ein Leuchtturm dem Örtchen Charakter und Mitte.

Zusehends werden wir mehr Radfahrer auf der gemeinsamen Reise nach Süden. Die wenigen, die uns entgegenkommen, haben verknif-

In der nebligen Einsamkeit der Küste verbergen sich Roosevelt-Wapitis

fene Gesichter und bemühen sich, an uns vorbeizusehen. Sie tun mir leid; zum überwiegenden Gegenwind gesellt sich noch der Nachteil, durch den Verkehr von der Küste eigentlich abgeschnitten zu sein. Wir haben es besser; wir drehen ihm den Rücken zu, schauen aufs Wasser und können die Autoflut inzwischen recht gut ignorieren.

Unser Japaner ist wohl verlorengegangen, aber neue Gesichter prägten sich an Groceries und Campingplätzen langsam ein. Eben wird ein Tandem umständlich wieder klargemacht. Das seltsame Paar sehen wir schon seit einigen Tagen: eine gottergeben dreinschauende Frau, die ihren vorn ackernden bulligen Partner um Hauptеslänge überragt. Wir haben die beiden »Lätzchen« getauft, weil dem armen Weib noch ein leuchtendgelber Schwitzkasten auf den Rükken geschnallt ist, eine Plastikmatte mit markantem Richtungspfeil für nachfolgende Autofahrer. *Safety first* wird aber generell beherzigt. Wir sind hier die einzigen ohne Helm und Rückspiegel, sicherlich beides sehr nützlich.

Auf breiter Autobahn geht es Eureka entgegen, Kaliforniens größtem Hafen nördlich San Franciscos. So wie sich der Verkehr ballt, erwartet der Europäer eine Halbmillionenstadt – Eureka hat 20 000 Seelen.

Wir fahren im Schatten der Peterbilt-, Freightliner- und Mack-Trucks und können ihnen ein gewisse Bewunderung nicht versagen, diesen raubtierhaft dahinziehenden, silbern glänzenden Trucks mit ihren zu Schornsteinen aufgebogenen Auspuffrohren. Die superstarken Züge und ihre einsame Besatzung – der Stoff, aus dem Legenden sind und Werbekampagnen für traumverlorene Männerwelten.

Die *bike route* führt uns vorbei an liebevoll erhaltenen viktorianischen Villen, Häusern der alten Holzbarone. Unbestrittener Clou dabei ist das verschnörkelte Carson Mansion, das aussieht, als sei es gerade von einem amerikanischen Hochzeitskuchen heruntergesprungen.

Wir sind froh, Eureka hinter uns zu wissen. Ich habe ein gespanntes Verhältnis zu diesen Städten. Außer den *facilities* schätze ich an ihnen nichts. Es sind Orte, die weder so unschuldig sind wie in die Landschaft eingebettete Dörfer noch kultiviert genug, um Urbanität zu besitzen.

Die 101 wendet sich nun scharf landeinwärts in bergiges Waldland. Sie schlägt einen Bogen um unwegsame Gebirge; Rainbow Ridge und King Mountain Range verwehren mit ihren wilden, hoch zerklüfteten Abstürzen zum Meer hin den Fortlauf der Uferstraße. Erst nach 200 kräftezehrenden Kilometern werden wir wieder den Wellenschlag des Pazifiks hören, aber wir werden dafür noch intensiver die einmaligen Redwood-Wälder gesehen haben!

Lost coast, die verlorene Küste, heißt dieser Abschnitt, den die Straße umgeht. Das Land ist abgelegen, kaum besiedelt und wohl auch ein wenig abgerückt von *law and order*. Fremde sind unerwünscht, und die versteckten Marihuana-Anpflanzungen werden scharf bewacht.

Die 101 ist jetzt zum Freeway geworden, und offenbar glauben wir, entsprechend fahren zu müssen. Trotz langer Steigungen fliegen die Kilometer nur so dahin; die Landschaft reißt uns nicht vom Sattel, aber der Seitenstreifen ist breit, und wir genießen einfach das Vorwärtskommen. Nach 48 Kilometern schütteln wir in Rio Dell kurz die Beine aus, stürzen eine halbe Gallone Orangensaft hinunter und jagen weiter dem Abzweig entgegen, der uns in die ungeheuren Wälder führen soll.

Avenue of the Giants, next right: Übergangslos kommen wir aus einem warmen, lichtdurchfluteten Nachmittag in flüsternde Dämmerung. Es sind wirklich Giganten, die uns umgeben. Wo hört ein Baum auf, einfach Baum zu sein, und wird zum Giganten; bei 60 Metern oder 80 Metern? Diese ungeheuren, gleichmäßig aufstrebenden Säulen ragen über 100 Meter hinauf in den Küstennebel: Es sind die höchsten Bäume der Erde.

Einen Horizont gibt es nicht, die Welt ist nur noch vertikal. Fortwährend geht der Blick nach oben, wandert die zimtfarbene Borke empor und sucht Halt irgendwo in den farnartigen Wipfeln. Wir fahren wie in einer riesigen Kathedrale. Die Straße ist eng, gewunden, unbedeutend in Gesellschaft dieser Ungetüme. Selbst an Hängen gelingt es mir nicht, die Höhe einzuschätzen; irgendwo tief unter mir entspringen die Stämme, sind, wenn sie mich passieren, noch kaum verjüngt und entschweben kerzengerade in ein grünes Dach.

Vereinzelte grünlich-goldene Verfärbungen in den Zweigen lassen den Sonnenstand ahnen, sonst ist das Licht ausgesperrt. Dazu kommt eine bedrückende Stille, nichts regt sich. Das säurehaltige Holz der Redwoods wird von Insekten gemieden, deshalb gibt es auch kaum Vögel.

Es ist inzwischen dunkel, und der Pfeil zum Hiker-Biker-Campground erscheint wie gerufen. Niemand ist hier, wir sind mutterseelenallein unter den hohen Bäumen. Im Schein der Taschenlampe sammeln wir Holz und grillen ein Riesensteak. In der Nähe quaken ein paar Frösche; zusammen mit dem Knacken und Prasseln des Feuers gibt es etwas Leben. Als die Frösche ihr Konzert beenden, verlischt auch die Glut. Die Stille ist absolut.

Irgendwann in der Nacht kündigt Ulrike mir den Platz im Zelt; in Ermangelung anderer Geräusche ist mein Schnarchen leider absolut zu laut. Etwa 30 Meter entfernt schlage ich an einem Stamm ein einsames Lager auf. Um mich herum eine dicke Decke aus Nadeln, die jeden Schritt dämpft.

Ein dringendes Bedürfnis treibt mich aus dem Schlafsack; schlaftrunken torkele ich in den Wald – und finde nicht mehr zurück. Die Nacht ist schwärzer als schwarz auf dem Boden dieses Verlieses: Ich sehe buchstäblich die Hand vor Augen nicht. Die Stille lastet abgrundtief, sie drückt auf den Ohren, wird körperlich fühlbar.

Ich zwinge mich zur Ruhe, taste um riesige Baumstämme herum, versuche mich zu erinnern. Ich stoße mich immer häufiger und immer heftiger, werde wütend, bis ich es irgendwann akzeptiere: Der Wald hat mir eine Lektion erteilt, mich jeder Orientierung beraubt und hilflos gemacht wie ein Kind.

Lange muß ich rufen, bis Ulrike wach wird und mir heimleuchtet. Es ist nicht einmal weit zum Schlafsack, vielleicht 15 Meter, ich hätte nie dorthin gefunden. An Schlaf ist nicht mehr zu denken. Ich spüre, daß in diesen Wäldern etwas vorgeht, an dem Menschen keinen Anteil mehr haben. Der Baum über mir, den ich nicht sehe und von dem ich nur die harte Rinde an meinem Kopf spüre, war vielleicht ein Sämling, als unsere Zeitrechnung begann. Diese Mammutbäume sind die letzten Überlebenden einer Gattung, die während des Jura über vier Kontinente verbreitet war. Die Gletscher der Eiszeit hobelten sie hinweg, und sie erholten sich nicht wieder. Ein schmaler Gürtel ist der Sequoia Sempervirens geblieben, 700 Kilometer lang und höchstens 50 Kilometer breit. An den Westabhängen des nordkalifornischen Küstengebirges finden die Bäume das, was sie zum Wachstum brauchen: gleichbleibende milde Temperaturen, viel Regen und dazu eine ideale Mischung aus Sonne und Nebel.

Am Morgen sind wir beide schweigsam; erst einige Kilometer auf dem Rad und ein opulentes Frühstück lösen die Spannungen der Nacht.

Einige Male stellen wir die Räder an einen Baum und gehen auf Wanderung durch Urzeiten. An lichteren Plätzen wuchert Farnkraut, sonst ist der Boden unterholzfrei, nur vom Nadelkissen bedeckt. Ich versuche zu fotografieren, gebe es aber bald auf. Wie fotografiert man 100 Meter hohe Pfeiler? Wie soll das Objektiv dort etwas ausrichten, wo schon das Auge versagt?

Ulrike macht sich Luft: »Schön ist der Wald nicht.«

Ich verstehe sofort, was sie meint. Sie fühlt sich unwohl, umzingelt, überwältigt. Wir haben zu sehr unsere vertrauten Vorstellungen von einem Wald ererbt, als daß wir gelassen auf solche Fremdartigkeiten reagieren können. Diese Bäume verkörpern Macht, die anderes Leben ausschließt.

Ein einsamer Eichelhäher turnt zeternd in den Ästen vor uns her: Wen will er warnen? Er ist das erste Lebewesen, das wir heute sehen. Bald huscht er auch wieder davon ins grüne Dämmerlicht, ein flüchtiger Sonnenstrahl berührt für einen Augenblick schimmerndes Gefieder.

Kaum ein Stamm, der nicht Spuren eines Waldbrandes zeigt. Immer wieder sorgen Gewitter im Küstengebirge für Feuer, die aber zumeist nur am Boden dahinkriechen; höher als 10 Meter reicht die schwärzliche Verfärbung nicht hinauf. Die dicke Borke wirkt wie ein Schutzmantel aus Asbest und macht die Redwoods damit unbrennbar. Feuer ist nicht nur ohne Schaden für den Wald, sondern für das Fortbestehen sogar wichtig. Es befreit den Boden von Unterholz und düngt ihn mit Asche. Die heiße Luft des Bodens steigt auf und trocknet die saftig-grün umhüllten Zapfen. Nach einigen Tagen springen sie auf und beregnen den vorbereiteten Boden mit einer Unzahl von Samen. Planvolle Verschwendung der Natur: Ein 2000 Jahre alter Baum erzeugt im Laufe seines Daseins vielleicht 15

Milliarden Samen, aber nur ein oder zwei brauchen aufzugehen, um den Fortbestand zu sichern.

64 herrliche Kilometer lang waren wir unterwegs wie in einer anderen Welt, jetzt hat uns die Realität wieder. Die kurvige Avenue spült uns auf die 101, die hier vierspurig über weites, offenes Hügelland klettert. Unvermittelt geraten wir aus kühlen, dämmrigen Domen in grelle, kalifornische Hitze. Das Licht ist hell, magnesiumhell.

Kleine Straßen haben Brücken geschlagen über die Autobahn, und sie spenden für einige Minuten Schatten und erholsame Rast. Kommt der Name »California« vielleicht doch von »Calido Forno«, von »heißer Ofen«? Wir müssen uns zwingen, aus dem Schatten herauszukommen und uns neuen hitzeflirrenden *ups and downs* zu stellen. Der nächste Brückenbogen ist wie eine ferne Oase, die Augen saugen sich daran fest wie an einem jenseitigen Ufer, der schwarze Balken des Schattens wird zum Zielstrich.

Noch vor wenigen Jahrzehnten war hier farnkrautbewachsener Waldboden, und die Spaliere der Redwoods marschierten in den Küstennebel. Nur noch vier Prozent der kalifornischen Altforsten, die um die Jahrhundertwende registriert wurden, sind noch vorhanden – in Nationalparks oder auch als Sichtbarrieren gegen die Verwüstung, gegen diese braune, mit Stümpfen übersäte Leere. Die früheren Holzgesellschaften sind längst in den Händen riesiger Holdings mit Sitz in Texas oder Louisiana, und unberührt und ungeniert spricht man denn auch von »Baumernte«, als ginge es um Baumwolle. Eine einzige Rodungsmaschine erlegt pro Tag bis zu tausend Bäume. Im Mendocino- und Humboldt-County fallen 300 Prozent mehr Wald, als zu verantworten wäre. Weiter so, dann ist in 20 Jahren Schluß!

Wie eine Erlösung empfinden wir das Schließen des Blätterdaches hoch über uns: Richardson Grove State Park. Wir werfen die Räder ins Gebüsch, stürzen hinunter zum steinigen Bett des Eel River und machen uns in Wasserlöchern flach wie Flundern.

Fünf Minuten auf dem Rad, und die Erfrischung ist schon vergessen. Wir sind einfach nicht vorbereitet auf diese Hitze, zu plötzlich sind wir ihr ausgesetzt auf nackten Hügeln und in sonnendurchglühten Schluchten. In Mexiko wird es viel heißer werden, aber der Gedanke daran macht mir keine Angst. Wir werden noch reichlich Gelegenheit haben, uns daran zu gewöhnen.

16 Kilometer später beschließen wir, die größte Tageshitze im Schatten zu verbringen. Am »Confusion Hill« gibt es heißen Kaffee und Bänke zum Ausstrecken, was will man mehr? Der Nachmittag wird lang sein, und als ich den dritten *refill* abhole, schaue ich beiläufig doch am Kassenhäuschen vorbei, was es mit dem konfusen Hügel auf sich hat. Natürlich bin ich voller müde lächelnder Vorbehalte. Schließlich sind wir in Kalifornien, wo die Menschen immer schon ein bißchen mehr gesehen haben als anderswo. Mehr fliegende Untertassen zum Beispiel oder Verheißung durch das Gold der frühen Jahre, heute eher durch Gurus.

Mehr aus Langeweile denn aus ernsthaftem Interesse entrichten wir einen kleinen Obolus, und dann beginnt für den neugierig aufgeklärten Geist ein Leidensweg in neun Stationen. Kugeln, die bergauf rollen; Wasser, das bergauf fließt, gehören noch zu den Vorübungen. In einem spitzwinklig zusammengezimmerten Hüttchen hängen wir von einer Reckstange plötzlich wie eine Fahne im Wind: Eine geheimnisvolle Kraft hebt sacht die Beine an. Die Wände sind doch offensichtlich lotrecht; stellt man sich aber davor, erzwingt eine rätselhafte Gravitation eine artige Verbeugung von der Wand weg. Okay, gestörte Magnetfelder durch Wasseradern, haben wir alle schon mal irgendwo gehört; aber der nächste Versuch macht uns vollends zu Deppen. Ein Betonbalken ist völlig eben in den Boden eingelassen, eine Wasserwaage zeigt es unbestechlich an. Wir stellen uns an die Enden des Balken, zwei Meter voneinander entfernt, und sehen uns so, wie wir uns immer sehen: Ulrike ist fast einen Kopf kleiner als ich. Dann tauschen wir die Plätze und sind jetzt gleich groß! Mehrfach wiederholen wir das Spiel, mit gleichbleibendem Ergebnis.

Ich als ein ehrlicher Professor der strengen Wissenschaften fühle mich wie ein täppischer Schuljunge. Für ein paar Dollar haben wir hier eine Lektion bekommen, die sich einmal nicht einordnen läßt.

Die Broschüre gibt auch nur magere Auskunft: Von bisher nicht geklärten Phänomenen ist dort die Rede.

Wie auch immer, sollte man uns doch mit undurchsichtigen Tricks hereingelegt haben, kann ich nur bestätigen, daß es vollkommen gelungen ist.

In der Kühle des Waldes fingen wir schon an zu frösteln, aber als wir jetzt aus dem Schatten herauskommen, lastet die Hitze immer noch brütend im Tal. Etwas sehnsüchtig blinzeln wir hinüber zum Standish Hickey Park, der einschließlich See und heißer Duschen alles bereithält, wovon verschwitzte Radfahrer träumen.

Andererseits ist der große Ozean nicht mehr fern, wenngleich sich dazwischen »the hill« auftürmt. Genaugenommen trennen uns zwei Hügel noch vom Brandungsrauschen, doch angesichts der respektablen Höhe von 2000 Fuß für den ersten mag man vom zweiten gleich dahinter vorerst nichts wissen.

In Leggett läuft die King Mountain Range an der Küste allmählich aus; hier entspringt die *number one* aus der *one-o-one*, klettert über die Berge hinweg und wird dann der Küste getreulich folgen. Seit kurzem haben wir eine eigens für Radfahrer gezeichnete Karte, die das Streckenprofil zeigt. Der Maßstab der Höhe ist viel größer als der der Länge, was die bevorstehende Tagesetappe jedesmal zum Ritt über den Himalaya dramatisiert. Ohne Zweifel wäre dann jetzt der Mt. Everest nebst einem Trabanten zu überwinden, vielleicht dem Pumo Ri.

Unter Radfahrern an dieser Küste ist das Örtchen Leggett ein magischer Begriff. Fahrige Blicke und schnelle Themenwechsel bei denen, die die Steigungen noch vor sich haben, Genugtuung und tröstendes Schulterklopfen bei den anderen: *You can make it*. Merkwürdig, als stecke eine perfide Bosheit dahinter, sagen sie immer *you can*, niemals *you will*.

Mit frischem Mut gehen wir es an; genau zwischen den beiden Bergen liegt Rockport, dort werden wir verschnaufen und uns für den Abend verpflegen. Im kleinsten Gang ziehen wir ruhig und gleichbleibend die Serpentinen hinauf. Die Steigung ist moderat, der Tritt bleibt rund, und wir genießen sogar den anstrengenden

Einsatz des ganzen Körpers. Die Luft streicht warm auf nackter Haut, der Schweiß strömt, das Licht ist golden und der Duft der Koniferen schwer und würzig.

Schneller als erwartet sind wir oben; wie auf einem Aussichtsbalkon verläuft die Straße zunächst eineinhalb Kilometer, ehe sie vehement in die Tiefe stürzt. Wir sausen durch dichten Wald auf atemberaubend abschüssigen Hängen dahin, flitzen in äußerster Schräglage durch Haarnadelkurven und bremsen oft nur durch Aufrichten des Oberkörpers. Die Abfahrt erscheint endlos, lange Zeit ahnen wir nicht einmal den Grund der Schlucht. Allmählich findet die Straße zur Waagerechten zurück, durch die Bäume blitzt ein Bachbett, der erfrischende Rausch wird gleich zu Ende sein. Mit Schwung fege ich noch um eine Kurve – und mir stockt das Blut in den Adern: Ein Schwarzbär sitzt da am Straßenrand, und ich sause geradewegs auf ihn zu! Kurzsichtige Augen blinzeln mich an, die Schnauze wittert, meine Bremsen knirschen. Dann sehe ich nur etwas großes Schwarzes: das plumpe Hinterteil des Bären. Das wehrhafte Tier flüchtet vor mir, stürmt den gerodeten Hang hinauf, als sei ihm der Leibhaftige auf den Fersen. Ich stehe da und lache, aus Erleichterung, vor allem aber auch amüsiert angesichts des behenden Galopps. Er bleibt nicht einen Augenblick stehen, um zu verschnaufen oder sich umzuschauen, wie aufgezogen grätschen die Hinterbeine am massigen Körper vorbei. Nach einem Weilchen kommt Ulrike; der Bär ist immer noch in Bewegung. Hundert Meter über uns wedeln Büsche, krachen Äste.

Ob wir es wahrhaben wollen oder nicht, ein Radfahrer gibt wohl ein grauenerregendes Bild ab. In Mexiko habe ich immer wieder erlebt, daß Wildesel ohne Arg an der Straße standen, den Autos nachschauten, aber bei meinem Auftauchen in panikartiger Flucht das Weite suchen.

Eigentlich müßten wir längst in Rockport sein, aber außer einem verfallenen Schuppen und schiefen Weidezäunen deutet nichts auf einen Ort hin. Wir halten an, vergewissern uns noch einmal in der Karte. Kein Zweifel, hier muß es sein. Noch während wir rätseln, kommt schräg über die Weide ein zerlumpter Mann auf uns zu.

»Wo ist Rockport?«

Er tritt dicht heran, mustert uns mit fahrigem Blick, hält mit beiden Händen meinen Lenker fest; so bald werden wir ihm nicht entwischen. Weitschweifig erzählt er von den großen Zeiten hier, als die Holzfabrik noch arbeitete und so weiter, und so weiter. Langsam kommt er zur Gegenwart: »Jetzt ist es eine Geisterstadt.«

Ach so.

»Alle bis auf mich sind weggezogen. Eines Tages wird es wieder besser werden, jede Wette!«

So lange kann unser Hunger unmöglich warten. Wir fühlen uns plötzlich müde, kraftlos; mit flauem Magen kämpfen wir uns den zweiten Berg hinauf und freuen uns danach nur noch, jetzt nicht mehr treten zu müssen. Die Räder sirren durch die hereinbrechende Nacht, das enge Tal öffnet sich zu einem Trichter, und unvermittelt gähnt vor uns nur noch eine ungeheure violette Fläche. Die Augen sind soviel Weite nicht mehr gewohnt; instinktiv suchen sie Halt in der ungewissen Ferne, springen von Seemeile zu Seemeile und klammern sich dann an die hingestreuten Felsen vor der Küste.

Die Sonne ist längst hinter dem Horizont verschwunden, aber ein dünner Wolkenschleier reflektiert vom Westen her noch etwas goldfarbenes Licht und versprüht es gleichmäßig über Wasser, Felsen und Kliff. Neben der gewundenen Straße hat der Kontinent noch einen schmalen Streifen ebenen, bewachsenen Bodens, ehe er sich senkrecht verabschiedet. Hier bauen wir unser Zelt auf, dicht am Wasser und unbelästigt vom Verkehr – es gibt nämlich keinen. Die »Verlorene Küste« unmittelbar hinter uns setzt sich offenbar fort, trotz Verkehrsweg. Den engen, gewundenen, bergigen Highway 1 nach Süden, diesen kurvigen Eigensinn, der den Westen als westlichste Straße abschließt, nimmt niemand, der eilig nach San Francisco kommen will. Für uns aber wird er das Paradies sein, der Camino Real der Radfahrer.

Wir sitzen lange vor dem Zelt, am Ende Amerikas, und lassen uns von dem Gedanken treiben. Hier ist die Welt erst mal zu Ende. Weit hinter der Linie, wo sich der Pazifik wegduckt, hinunter nach Hawaii und zum Fernen Osten, fängt sie irgendwann wieder an. Die schroffe Zäsur des Kontinents mit nur wenigen natürlichen Häfen am Rande eines ungeheuren Ozeans war nie Sprungbrett zu neuen Ufern. Von hier brach man nicht auf, hier kam man an. Wer bis hier sein Eldorado, das »Gold am Ende des Regenbogens«, nicht gefunden hatte, konnte nur noch umkehren.

Fern im Süden blinzeln ein paar Lichter. Es müßte Westport sein; bestimmt sitzen dort jetzt Menschen am Tisch und laben sich am wohlverdienten Abendbrot. Verdient hätten wir es auch. Ulrike fingert das Notprogramm aus der Packtasche: ein zerdrücktes, unzählige Male geschmolzenes und wieder hart gewordenes Mars. Das wär's für heute abend, aber was soll's: Wir sind wieder am Meer, allein unter klarem Himmel mit feingestichelten Sternbildern und kriechen erst ins Zelt, als es schon mit einem dichten Pelz von Tau überzogen ist.

Es gibt einfach nichts Schöneres, als mit Brandungsgeräusch einzuschlafen und sich wieder wecken zu lassen. Das Zelt ist am Morgen klatschnaß, aber die Sonne, die es schnell trocknen würde, steht noch tief hinter den Bergen. Wir schütteln es ein wenig aus, rollen es zusammen und stopfen es in die Packtaschen.

Ich mag das morgendliche Zusammenpacken, diese einfachen und immer gleichen Tätigkeiten, die unmittelbar auf das Vorwärtskommen ausgerichtet sind. Der Platz für die Nacht mag noch so schön gewesen sein; niemals fällt der Aufbruch schwer oder regt sich gar der Wunsch zu bleiben. Die Neugier ist zu groß auf das, was der Tag wieder bereithalten wird an Begegnungen und atemberaubenden Aussichten. Vom Auto aus erlebten wir vor Jahren die Küste wie im Rausch, eine endlose Abfolge geschmeidiger Bilder, die an den Aussichtskanzeln plötzlich gerinnen. Es kam mir vor, als würde das Naturvideo in wohltemperierten Abständen angehalten, um die Sinne bei Laune zu halten und nicht zu überfordern, denn soviel Schönheit sind wir alle nicht gewohnt.

Der widerborstigen Topographie wurde mit winzigen Bewegungen des Gasfußes geantwortet; die rechte Hand konnte jederzeit zum Kaffeebecher greifen, denn zum Schalten wird sie in den Automatikmonstern nicht mehr gebraucht. Fahren war weder Arbeit noch sportliche Anstrengung, sondern spielerische Selbstverständlichkeit, bloßes Anschauen einer Welt, deren einzige Bestimmung darin lag, durch sie hindurchzufahren. Die Windschutzscheibe wurde zur Breitleinwand, und wir räkelten uns auf roten Plüschpolstern wie in Kinosesseln.

Auf dem Fahrrad ist das alles anders, wir »erfahren« die Landschaft Meter für Meter. Die müßige, flüchtige, geraffte Form des Erlebens dehnt sich für uns zu tausend kleinen Abenteuern. Mancher Hügel beschert uns Schmerzen in den Beinen, aber dafür auch Glück in den Augen. Kaum eine Möglichkeit des Einkehrens lassen wir aus: Es kann die letzte für Stunden sein. Der größte Vorzug aber ist unsere Langsamkeit. Die endlose, schlafwandlerische Öde einer Autobahn wird plötzlich bewußt, aber auch jedes originelle Haus an der Straße, jeder Felsen im Meer, jede anmutige Biegung des Asphaltbandes.

So wie jetzt, am frühen Morgen, auf dem Weg nach Westport. Unter uns dehnt sich ein einsamer Strand, auf dem sich langsam die Sonne breitmacht. Seine riesenhafte Leere wird noch gesteigert durch ein einzelnes Paar mit Hund, das sich hier für den Tag einrichtet. Zwei lange Brandungsangeln stecken schon im Sand, neben jeder ein Klappstuhl. Der Hund wandert unschlüssig zwischen den Stühlen hin und her, bis er sich schließlich unter dem des Mannes zusammenrollt. Weißlicher Nebel entsteht über dem Wasser; leichter Wind nimmt ihn mit auf eine kurze Reise. Er schiebt die Flocken die Hänge hinauf und zerrupft sie spielerisch in kleine Fetzen: pazifischer Morgen.

Wir lassen uns Zeit auf dem Weg nach Westport, und dann kommen wir ohnehin noch zu früh. Der einzige Kramladen wird erst abends aufmachen, das Restaurant am Wochenende. An der Tankstelle bekommen wir immerhin Eiskrem. Ein amerikanischer Ort mag noch so winzig, noch so unbedeutend sein – eine Tankstelle wird er haben. Benzin ist eben ein besonderer Saft für dieses Volk mit viel Raum und wenig Ruhe, Garant für Mobilität und Freizügigkeit. »Ich fahre, also bin ich« möchte man hier sagen, und der Führerschein ist der Lebensnerv, knapp hinter der Kreditkarte, aber auf jeden Fall noch vor dem Paß.

Dabei sehen die Autos, zumindest hier am Ende der bewohnten Welt, nicht aus, als seien sie Objekte der Begierde. Sie sind schlicht Fortbewegungsmittel, Unterpfand der Unabhängigkeit: schmucklose, bullige Pick-ups mit struppigen Hunden auf der Ladefläche. Farmer erfanden das praktische Gefährt in den dreißiger Jahren, als sie hinter den Führerhäusern ihrer »Tin-Lizzies« selbst Ladeflächen montierten, um Fässer, Kleinvieh und Gerätschaften zu transportieren. Heute dienen sie selbständigen Handwerkern und Surfern, ersetzen den Indianern das Pferd, besorgen den Großeinkauf für Familien und taugen mit speziellem Aufsatz sogar zum Campmobil.

An eine Holzwand gelehnt, döst auf einer Bank ein durchtrainierter, vielleicht 50jähriger Mann. Daneben steht ein bepacktes Tourenrad, das sicher schon manches Abenteuer mit ihm geteilt hat. Er fährt die kalifornische Küste jetzt zum fünften Male ab. Wie bitte?

»Ja, ich liebe sie, und ich fahre gern Rad.«

Unaufdringlich, mit der Beiläufigkeit des vom Ehrgeiz Befreiten erzählt er von vergangenen und kommenden Touren. Nächstes Jahr will er durch die südlichen Sowjetrepubliken, da war er noch nicht. Er spricht nicht wie von einer Marotte, sondern wie von seinem Leben. Den bürgerlichen Teil seines Daseins verbringt er als Collegelehrer für Computersprachen. Ulrike lacht und blinzelt mir zu. Ich rücke unwillkürlich ein Stück näher an ihn heran, fühle mich ihm verwandt. Hat er nicht dieselbe Sehnsucht in den Augen, die mich auch immer wieder umtreibt – der heimliche Wunsch, über den Tellerrand des Kalküls zu blicken? Das Verlangen, in fremde Gesichter zu schauen, nie gesehene Landschaften zu erkunden; dabei wirklichen Hunger und Durst zu spüren, ohne den Kühlschrank in Griffweite zu haben?

Ich bewundere seinen gut eingesessenen Brooks-Sattel. Dieser sei relativ neu, den letzten habe er nach 110 000 Meilen ausrangiert. Wir sitzen da mit großen Augen; für einen Moment schrumpft unsere Amerikadurchquerung zu einem belanglosen Ausflug.

Wir schlecken Eis, strecken die Beine aus und lassen uns von der verschlafenen Stimmung einlullen. Dies ist ein Ort, der sich beharrlich glattsaniertem Fortschritt entzieht, an dem die Zeit vorbeigeht. Sicher, die Häuser wirken ärmlich, könnten einen neuen Anstrich vertragen, aber ist das nicht bereits wieder europäisch gedacht? Die Natur setzt das Maß und degradiert menschliches Dazutun ohnehin zur Bedeutungslosigkeit.

Dunkel ragen im Norden die Abstürze der King Mountain Range aus dem Ozean, davor die schroffe Schönheit felsiger Kliffs und blühender Hügel: Sinnliche Formen und scharfe Konturen, wer mag da ständig über Hausanstriche nachdenken? Bald werden wieder ganze Schulen von Grauwalen fontänensprühend vor den Küchenfenstern vorbeiziehen.

Etwas weniger Nebel wäre schön, aber er hält auch die Sequoias am Leben, und ohne den kühlen Kalifornienstrom gäbe es nicht dieses maritime Leben vor der Haustür.

Warme Luft vom Pazifik streicht über das kalte Tiefenwasser vor der Küste, kühlt schockartig ab: Wasserdampf kondensiert zu feinen Tröpfchen, Nebel entsteht, oftmals 100 Meter hoch und meilenweit aufs Meer hinaus. Einen knappen Kilometer landeinwärts aber ist der graue Spuk verflogen; die sengende Sonne über dem warmen Land hat ihn aufgefressen und poliert den Himmel wieder kalifornisch blau.

Milde Gelbtöne überwiegen jetzt immer stärker im Landschaftsbild. Kühe und Schafe stehen im Gras, das die Sonne zu goldenem Stroh vertrocknet hat und das die Hügel überzieht bis hin zu den gelben Sandsteinkliffs, wo das Festland zerklüftet und ruppig jäh abbricht. Gelb sind die Felsen im Meer, mit weißen Kappen aus Möwenkot. Weiß driftend wie Wolken schieben sich immer wieder Nebelbänke vom Meer heran und verwandeln die Postkartenidylle urplötzlich in graues, düsteres Land. Die Straße ist eng, gewunden, steil, und oft genug röhrt uns hinter einer Biegung wieder unerwartet ein Holzlaster entgegen.

In Fort Bragg ist Tumult. Naturschützer auf der einen, Holzfäller auf der anderen Seite liefern sich hitzige Wortgefechte. Polizei mit Schlagstock und Visier am Helm. Es geht um die Redwoods. Den einen sind sie »Kathedralen Gottes«, den anderen bestes Bauholz, das nur darauf wartet, ins Kleinformat von Dachbalken, Latten und Stühlen zersägt zu werden.

Brandungsangeln – ergiebiger Fischzug im Angesicht der Wellen

Es sind sehr kräftige Männer unter den Holzarbeitern, mit sehr entschlossenen Gesichtern und geballten Fäusten; dazu haben sie sich mit Kettensägen, Äxten und schweren Ketten bewaffnet. Sie mögen nicht einsehen, was an ihrem Job verkehrt sein soll; schließlich setzen sie nur ererbte Tradition fort in einer Region, die auch 150 Jahre nach der Besiedlung durch Weiße noch immer von den Wäldern lebt. Existenz steht auf dem Spiel, die ihnen das zugereiste bunte Volk aus den Städten zunehmend schwermacht: blockierte Forststraßen, Nägel in den Bäumen, an denen die Kreissägen zerfetzen, angekettete Aktionisten der »Earth First«-Bewegung. Es ist Krieg in Fort Bragg, *eco-war* in der Sprache der Medien, aber die verantwortlichen Holzbarone sind nicht hier. Texas ist weit.

Doch Rezession und Zukunftsperspektive zum Trotz, Fort Bragg ist ein »anständiger« Ort mit geschmackvollen Häusern, gepflegtviktorianischen Bed-and-Breakfast-Unterkünften, kultivierten Restaurants und gewaschenen Autos.

Der Grund für diesen offenkundigen Wohlstand ist ein eher unscheinbares Gewächs, das im Schatten der umkämpften Bäume prächtig gedeiht: die Sinsemilla-Pflanze, die den Stoff, aus dem die Träume sind, zehnmal ergiebiger produziert als der indische Hanf. Er zählt zum Besten auf dem Drogenmarkt. Aus einer einzigen Pflanze können bis zu zwei Pfund Marihuana gewonnen werden und das Gramm bringt acht Dollar. Da mögen selbst redliche Bürger nicht länger abseits stehen und mischen mit im einträglichen Gewerbe. Leider kann man keine Steuern abführen – Marihuana ist nun einmal verboten, und so taucht die geschätzte Milliarde Jahresgewinn in den Statistiken des Handelsministeriums denn auch an keiner Stelle auf.

Wir verirren uns in ein italienisch anmutendes Restaurant, betrieben von zwei blassen Öko-Freaks mit schütteren Zöpfchen. Vivaldi zirpt aus dem Gebälk, und mein Wunsch nach einer Cola wird mit peinlich berührtem Kopfschütteln verwehrt. Bei den Nudeln müssen wir an Tillamooks-Käse denken, und gesalzen ist lediglich die Rechnung.

Beim Hinausfahren aus Fort Bragg haben wir Glück: Vor uns qualmt die uralte Eisenbahn, die »Stunk Railroad«, über die Straße und verschwindet fauchend zwischen den Hügeln. Am Russian Gulch State Park spazieren wir zu den *blow holes,* zischende und fauchende Fontänen mit unterirdischen Tunnelverbindungen zum Meer.

Ein paar weitere Kilometer, und wir fühlen uns an die Ostküste versetzt. Mendocino, das weiße »Juwel der Küste«, so stellt man sich ein Fischerdorf in Neuengland vor: viktorianische Villen, weiße Schindelhäuser, adrette Zäune, Windräder, Wassertürme. Der weiße Ort auf dem Kliff, der früher einmal von Holzfällern und Fischern bewohnt war, hat sich zur schnörkelniedlichen Künstlerkolonie geschminkt. Erlesenes findet man da, Kunstgalerien und Kunsthandwerksausstellungen vor dem Hintergrund einer wilden Landschaft.

Ist man aber aus dem Ort heraus und schaut zurück über die Bucht, auf die geduckten Häuser um den spitzen Kirchturm, sieht

Mendocino aus wie gemalt, und man versteht die Filmemacher, die das Geld für Neuenglandkulissen sparen und lieber hier drehen.

»Enge, kurvenreiche Straße auf 30 Kilometer« kündigt ein Schild an der Straße an. Die Steigungen sind kurz und hart, sie zwingen uns aus dem Sattel und zum Wiegetritt. Ulrike hat heute keinen guten Tag: sie ist müde und klagt über schwere Beine, vielleicht eine späte Reaktion auf die letzten, schweren Etappen. Ich denke, ein ausgiebiges Bad und ein gutes Bett wird sie wieder aufmöbeln.

Ein paar viktorianisch verkitschte Bed-and-Breakfast-Villen sehen wir uns an, ehe wir schließlich in Elk fündig werden. Es ist das schönste Quartier, das wir je auf einer Reise hatten. Die Qual der Wahl nimmt uns niemand ab, wir müssen uns zwischen drei zauberhaften, ganz unterschiedlichen Appartements entscheiden. Wir nehmen das Zimmer im Parterre; tritt man vor die Tür, steht man in einem phantasievollen Garten leuchtender Blumen, der zu einer Felsenbucht herunterführt. Von ganz nah schallt beharrliches Bellen der Seelöwen herüber.

Wir sind gefangen von dem gemütlichen Ambiente, entdecken immer wieder liebevolle Details und können doch den Blick kaum abwenden vom großen Schauspiel vor den Fenstern. Die freundliche Besitzerin bringt ein exquisites Dinner: Muschelsuppe vorweg, gedünsteter Lachs mit frischen Gemüsen vom Silbertablett, zum Nachtisch hausgemachte Mousse au chocolat. Wir zelebrieren das Mahl bei Wein und Kerzenlicht. Gestern abend noch ein halbes Mars – schlecht war es nicht, aber alles zu seiner Zeit.

Jedes Zimmer in dieser Herberge hat sein eigenes Gästebuch, und es ist ergreifend, darin zu lesen. Es ist ein besonderer Ort, der ein treues Publikum hat. Von Romanzen erfahren wir hier, treuherzig und offen eingetragen in das dicke Buch. Unsere Vorgänger waren ein Paar, das hier nach vielen Jahren seine Liebe erneuerte und bald wiederkommen will – genau in dieses Zimmer. Uns fällt der Abschied schwer, aber auch wir können ja wiederkommen.

In Manchester hat ein Coffee-Shop seine Öffnungszeiten ausgehängt: von 8.00–12.00 Uhr, an jedem ersten Sonntag im Monat! Wer hier nicht genau geplant hat, muß ohne Frühstück radfahren.

Schon von weitem sehen wir den riesenhaften Leuchtturm auf einer weit vorgeschobenen Klippe, Point Arena Lighthouse. Ein Stichsträßchen bringt uns hin über ein ödes, windumtostes Plateau. Die Brandung schürft und meißelt an der gelben Kliffkante, und genau in der Verlängerung ragt am Ende der Leuchtturm in die Höhe: schlank, weiß und schön.

Kein Strand schützt die zersägte Küste am Point Arena

Verlassen wie eine Geisterstadt erstreckt sich am Meer eine endlose Siedlung aus winkliger Holzarchitektur: Sea Ranch, eine wegen ihres ökologischen Modellcharakters vielgerühmte Zweithauskolonie. Leben zieht hier am Wochenende ein, wenn die Besitzer aus San Francisco kommen, die übrige Zeit ist das Wachpersonal unter sich.

Die *grocery* von Stewarts Point mag stellvertretend stehen für alle Kramläden an der Westküste. Wehe, man läßt solche Gelegenheit aus, auch wenn es hier teuer ist und die Auswahl an Schnürsenkeln und Angelzeug größer sein mag als die an Eß- und Trinkbarem. Anfangs, noch in europäischen Maßstäben denkend, gingen wir aus solchen Kramläden wieder hinaus – es würde sicher bald was Besseres kommen. Weder kam bald etwas, noch war es jemals besser. Hungernd und schimpfend haben wir manchmal Stunden im Sattel verbracht bis zur reumütig wahrgenommenen nächsten Einkaufschance.

Der Laden hier ist anscheinend Treffpunkt aller Radler. Ein blondes, sonnengegerbtes Mädchen sitzt auf den Stufen und löffelt Joghurt, ihr beladenes Rad neben sich. Eben kommt, hoch aufgerichtet und leuchtend, »Lätzchen« hereingebogen. Ben, ein Lehrer aus Arizona mit Hang zum Experiment, preist sein Liegerad. Er hat es selbst zusammengeschweißt und damit schon die USA durchquert, 5000 Kilometer von San Francisco nach New York. Wir begleiten ihn ein Stück und sehen entgeistert hinterher, als das Gefährt schlenkernd und schlackernd die Gefälle heruntersaust: von Straßenlage keine Rede.

Die Küstenstraße führt nun an den Resten von Fort Ross vorbei, und es ist zuerst verwirrend, hinter hölzernem Plankenzaun einen russisch-orthodoxen Kirchturm aufragen zu sehen. 1812 errichteten die Russen hier zusammen mit aleutischen Pelzjägern das Zentrum ihrer umliegenden Besitzungen, um Getreide anzubauen und Seeotter zu jagen. Nach Leif Erikson und Christoph Kolumbus wurde Amerika ein zweites Mal entdeckt, von Rußland aus. Anfang des 18. Jahrhunderts war über die unermeßlichen Räume zwischen Kaliforniens Küste und Sibirien noch nichts bekannt. Gab es eine Landbrücke zwischen Asien und Amerika?

Vitus Bering, dänischer Seefahrer in Diensten Zar Peters des Großen, wurde mit der Erforschung betraut. Die Land- und Schiffsreise

Versorgungsmöglichkeiten sind rar, und die Auswahl ist eher bescheiden

ins 8000 Kilometer entfernte Kamtschatka dauerte fast drei Jahre, und dann mußten erst noch die Schiffe gebaut werden. 1728 segelte er durch die Meerenge, die nach ihm benannt ist. Er hatte seinen Auftrag erfüllt und kehrte ohne weitere Erkenntnisse nach St. Petersburg zurück. Hier war man damit nicht zufrieden und schickte Bering abermals auf die Reise. Er sollte eine größere Expedition ausrüsten und so weit nach Osten segeln, bis die amerikanische Westküste erreicht war, und diese dann erforschen.

Im April 1733 brach Bering erneut auf, acht Jahre später waren in Ostsibirien zwei Schiffe gebaut und die Expedition bereit zur Reise ins Ungewisse: 16 Tage später verloren sich die St. Peter und die St. Paul für immer im dichten Nebel der Aleuten. Alexej Chirikow, der die St. Paul befehligte, erreichte noch die Küste des Alexander-Archipels in Südostalaska, aber es gelang nicht, das Neuland zu betreten. Zwei ausgesetzte Boote samt ihren Mannschaften wurden nicht mehr gesehen.

Bering auf der St. Peter sichtete eine Kette eisstarrender Berge, die er, dem Tag zu Ehren, St. Elias nannte. Der deutsche Naturforscher Steller entdeckte an Land einen blauen Häher und nahm es als Bestätigung, in Amerika zu sein: Er kannte diesen Vogel aus einem Buch über Carolina. Die Mannschaft war erschöpft von den endlosen Stürmen und Kälte, ausgezehrt von Skorbut. Bering befahl die Heimreise; sie wurde zur Fahrt am Rande der Hölle. Die orkangepeitschte See warf die St. Peter in den westlichen Aleuten auf den Strand. Bering starb kurz darauf an Erschöpfung; 16 Jahre lang hatte er Alaska gesucht.

In Höhlen und Erdlöchern überwinterte der klägliche Rest an Überlebenden, schützte sich mit Seeotterfellen gegen die Kälte und ernährte sich von Vögeln, Seelöwen und den riesigen, unbeholfenen Seekühen. Ihre Haut war zäh, aber das Fleisch schmeckte wie Rindfleisch, und die dicke Fettschicht darüber war vorzüglicher Speck.

Im darauffolgenden Sommer trauten sich die Überlebenden an die Überfahrt nach Kamtschatka; aus Wrackteilen hatten sie ein notdürftiges Fahrzeug gezimmert. Für die 700 mitgebrachten Seeotterfelle wurde ihnen in der Heimat ein Vermögen gezahlt. Es waren die dichtesten Pelze, die man je gesehen hatte.

Hier gibt es Ähnlichkeiten zur letzten Reise von James Cook. Als seine »Resolution« im Nootka Sound an der Westküste von Vancouver Island vor Anker ging, nahm er einige Seeotterfelle an Bord. Bald darauf wurde er auf Hawaii erschlagen; die Besatzung segelte weiter nach China und erzielte fabelhafte Erlöse für die seidigen Pelze.

Berings Seeleute verführten mit ihren Schilderungen von unerschöpflicher, leicht zu erlegender Beute die sibirischen Pelztierjäger. Gier und die Angst, jemand könne ihnen zuvorkommen, trieb sie hinaus in eine unwirtliche Welt. Die Schiffe verdienten kaum den

Namen: mit Lederschnüren zusammengebundene Baumstämme, flach und wenig seetüchtig. Nur jedes dritte Schiff kehrte zurück, aber wer dazugehörte, war ein gemachter Mann.

Die rohe Gesellschaft zog eine Spur der Vernichtung immer weiter nach Süden. Mit Pfeilen, Speeren, Knüppeln, später auch Gewehren massakrierten sie Seelöwen, Robben, Seeotter und Biber. Binnen drei Jahrzehnten waren die 8000 Pfund schweren Seekühe ausgerottet; die Ottern entkamen nur knapp dem gleichen Schicksal. Von vermutlich 150 000 Tieren war eine Handvoll übriggeblieben. In diesem Jahrhundert endlich unter Schutz gestellt, haben sie sich wieder auf 50 000 vermehren können.

Den Küstenindianern, allen voran den Aleuten, die der Inselkette den Namen gaben, erging es kaum besser. Nur etwa jeder sechste überlebte eingeschleppte Krankheiten, Versklavung und Massaker.

Immer weiter mußten die inzwischen seetüchtiger gewordenen Schiffe nach Südosten segeln, um immer neue Seeotterfelle zu erjagen, dennoch gingen die Einnahmen der Russisch-Amerikanischen Kompanie unaufhaltsam zurück. Am 13. März 1867 verkaufte Rußland für 7,2 Millionen Dollar das heutige Alaska an die Vereinigten Staaten von Amerika.

Die Hügel haben es in sich, und seit einigen Tagen schmerzen unsere Oberschenkel, jeden Tag ein bißchen mehr. Beim Gehen, beim Liegen, selbst bei leichter Berührung spüren wir die strapazierten Muskeln; das ist der Preis für immer neue Aussichtspunkte über der Küste. Auf langen Abfahrten lockern und massieren wir die Beine, so wie jetzt auf der sausenden Talfahrt nach Jenner. Malerisch mündet der Russian River hier ins Meer. Kormorane dümpeln in der Bucht, die durch eine langgestreckte Sandbank fast geschlossen wird.

In Bodega Bay radeln wir zum Ende des langen Holzpiers, wo uns ein Fischhändler stolz den Tagesfang präsentiert. In einem Schuppen sind zwei Schwertfische aufgebahrt, jeder 400 Pfund schwer; daneben zwei noch größere, furchterregende Riesenhaie. Vorsichtig ziehen wir das Maul auseinander und betasten die dolchartigen Zähne, fahren mit den Fingern über die graue Sandpapierhaut.

Es ist nur ein kurzer Abstecher ins Land nach Bodega, wo Hitchcock seine berühmten Vögel in Szene setzte. Schulhaus und Kirche stehen noch, und ein alter Antiquitätenhändler erzählt uns von dem Wirbel mit den mechanischen Vögeln. Es ist kein Zufall, daß sein bedrückender Film gerade hier entstand; haben wir doch selbst in hohen Bäumen schon mächtige Fisch- und Silberreiher entdeckt, deren Dämonie Hitchcock inspirierte.

Eine Bucht zwingt den Highway 1 für ein Weilchen landeinwärts über hügeliges Farmland, und als er das Meer wieder berührt, stehen wir genau am Rande der berüchtigten Verwerfungszone, in dem sich die Erdschollen verkanten. Der St.-Andreas-Graben ist hier aufgefüllt zu einer schmalen, langen und friedvollen Bucht, an deren sumpfigen Rändern Blaureiher staksen. Die Berge drüben in den wallenden Nebeln sind schon nicht mehr von dieser Welt, sind nicht mehr made in USA. Sie haben ihren Fuß auf der pazifischen Scholle, die hier wenige Zentimeter im Jahr nach Norden vorbeidriftet. Solange sie reibungslos auf dem zähflüssigen Magma gleitet, droht keine Gefahr; erst wenn sie sich an der amerikanischen Scholle verhakt, die Zugkräfte bis zum Zerreißen anwachsen und sie sich dann losreißt, kommt es zum Ruck, der in Kalifornien die Zeiger der Uhren stehenbleiben läßt – wie zuletzt am 17. Oktober 1989 um 17.04 Uhr. Das Zentrum des Bebens lag weiter im Süden, kilometertief unter den Santa Cruz Mountains. Zwischen glimpflichem Davonkommen und Desaster lagen zehn Sekunden, die Stoßwellen verebbten rechtzeitig. Die Wolkenkratzer pendelten die Erdstöße sicher aus, die ohnehin nur ein Sechzigstel der Gewalt des großen Erdbebens von 1906 hatten. Die Kratzer in San Francisco sind geheilt, und die meisten Toten gab es drüben, jenseits der Bay in Oakland, wo das Leben schon immer härter war. Hier schnappte die Falle des doppelstöckigen Cypress Highway zu und begrub mehr als fünfzig Autofahrer.

Die Fahrt entlang des stillen, verträumten Meeresarmes ist überraschend einsam, die Nähe zur Bay Area, zur dichtbesiedelten Region mehrerer Städte, ist nicht einmal zu ahnen. Die Halbinsel drüben, die Point Reyes National Seashore, ist seit Anfang der siebziger Jahre Naturschutzpark, ein Spektakel vor der Haustür, wo es Hunderte von Vogelarten gibt und Luchs und Puma auf der Pirsch sind. An Drakes Beach haben wir schon mutterseelenallein gesessen und uns die »Golden Hind« vorgestellt, die hier 1579 vor Anker lag. Sir Francis Drake hatte gerade die spanischen Niederlassungen in Kalifornien geplündert und nutzte die fünfwöchige Rast zur Überholung seiner segelnden Nußschale gleich zu einem weiteren frechen Piratenstück: Alles Land hinter der Bucht annektierte er kurzerhand als »Nova Albion« (Neuengland) für Königin Elisabeth I. Danach segelte er hastig weiter, westwärts um die Welt.

In Marshall, das nur aus zwei gutbesuchten Fischrestaurants zu bestehen scheint, essen wir Austern und Muscheln, strampeln danach über heiße, trockene Hügel und campieren im Schatten alter Redwoodbäume im Samuel Taylor State Park. Die Großstadt ist noch Welten entfernt. Unsere Vorfreude aber auf San Francisco ist gewaltig, ist damit doch ein erstes Etappenziel erreicht, mehr als 2000 Kilometer werden dann hinter uns liegen. Neben uns zeltet Ben. Knie und Unterarm sind blutig verschrammt – irgendeine Kurve war wohl doch zu scharf.

»Das Rad ist ziemlich gut, aber es ist nicht perfekt, noch nicht!«

Morgen ist für ihn ohnehin Schluß. Zu Hause in Arizona wird er weiter an der Straßenlage tüfteln.

Am Mittag des nächsten Tages ist es soweit. Schöner kann man in eine Stadt nicht einfahren, als von Norden kommend in San Francisco. Zuerst Sausalito, »everybody's darling«, am Ufer des Golden Gate. Sind die Künstler und Literaten vielleicht auch nicht mehr so zahlreich, ein wenig ist doch von der Atmosphäre geblieben. Am Rande des Hafens, unweit der Straße, liegen neben schmucken Jachten die skurrilen Hausboote der Ausgestiegenen, Unangepaßten, denen Grund und Boden zu teuer und vor allem auch zu bürgerlich solide ist. Am Bridgeway Boulevard reihen sich Kunstgalerien, Boutiquen und Antiquitätenläden aneinander; der eigentliche Ort hängt am Hang darüber: handgezimmerte Holzhäuser, bei denen Blick und Gärtchen wichtiger ist als das Innere und die in Quadratmetern anzugebende Wohnfläche.

Charmante Behaglichkeiten auf schwankendem Boden – Hausboote in Sausalito

Hinter der riesenhaften Bay zeichnet sich weiß und zerbrechlich die Stadt ab. Nur des Blickes wegen quälen wir uns auf die trockenen Hügel und sehen jetzt hinunter auf die Golden Gate Bridge. Vor ein paar Jahren hatte sie Geburtstag, sie wurde fünfzig und gilt noch immer als die schönste überhaupt. Es ist nicht die Brücke allein; es ist der Zusammenklang der berückend schönen Lage der Stadt, eines idealen Naturhafens, an dem die Entdecker jahrhundertelang vorbeisegelten, weil immer Nebel die Einfahrt verhüllte. Es gibt für uns eine Handvoll Plätze, über die ganze Welt verstreut, die wir zu den schönsten rechnen. Dieser hier gehört dazu, und immer mehr wird *the city* für uns zu einem Ort zum Hinträumen.

Wie riesige Baumwollflocken weht Nebel vom Meer herein, umkrallt Fahrbahn und jenseitigen Pfeiler, kontrastiert aufs schönste zum Orangerot von »Superspan«. Die Erdtöne des Grand Canyon wollte sein Erbauer hier am Pazifik wissen.

Wir rollen den Hügel hinunter und fahren ein Stück weit unter die Brücke. Hier, 67 Meter unter der Fahrbahndecke, spürt man die Kraft und die Eleganz, die von dieser Konstruktion ausgeht. Von drüben schallt das tiefe Seufzen des Nebelhorns mit seinem rätselhaften Tritonus-Intervall. Noch nach Tagen spukt es im Kopf herum. Der Nebelvorhang ist gerade ein wenig gelüftet, und einige Sonnenstrahlen berühren das jenseitige Ufer. Der trockene Hang funkelt wie ein Goldklumpen, der Fuß der Brücke glüht, ein Containerschiff schiebt sich dem Meer entgegen.

Wir lassen uns Zeit mit der Erkundung der Brücke, dem Auffinden immer neuer überraschender Blickpunkte. Ohne es verabredet zu haben, schieben wir ihn noch etwas auf, den großen Moment, auf den wir uns schon zu Hause freuten: mit dem Fahrrad über die Golden Gate Bridge. Es gibt Tage, wo sie für Radfahrer gesperrt ist, des starken Windes wegen, der vom Meer wie durch eine Düse in die Bay jagt. Heute ist sie frei, der Wind bereitet uns jedoch noch genug Probleme beim Himmelsritt. Böig und bockig nimmt er uns von allen Seiten an, wir können kaum den Lenker halten. Neben uns brandet sechsspurig der Verkehr, unter uns tutet ein Ozeanriese – ein unheimliches Glücksgefühl.

Es ist schwer, sich nicht in San Francisco zu verlieben. Über der Stadt liegt ein Glanz, wie ihn nur Städte kennen, die vom Wasser umgeben sind, aber: Wer zählt ihre Hügel? Selbst die Reiseführer sind sich nicht eins – mehr als 42 sind es allemal und, anders als in Rom oder Lissabon, ausgesprochen stadtfeindlich. Hier ist man niemals endgültig über den Berg, hier führen die Straßen in den Himmel und stürzen in Schluchten, Straßensteigungen von 30 Prozent sind nicht ungewöhnlich.

San Francisco ist eine überraschend kleine Stadt, nur 120 Quadratkilometer groß und am besten zu Fuß zu erbummeln. Auf drei

Meist von Nebel verhüllt – Einfahrt zum Golden Gate

Ein erstes Etappenziel ist erreicht, schon weit mehr als 2000 Kilometer liegen hinter uns

Seiten ist sie vom Wasser umschlossen, und damit sind ihr urbane Alpträume erspart geblieben: Los Angeles läßt grüßen. In San Francisco, so heißt es, geht man sonntags zur Kirche und dankt Gott dem Allmächtigen dafür, daß man nicht in Los Angeles leben muß. Natürlich weiß man kaum, was Los Angeles eigentlich ist, irgendwas im Süden. Ist es nicht inzwischen in seinem eigenen Smog verschwunden? Am besten, man läßt es auf sich beruhen.

San Francisco ist wie geschaffen zum Flanieren. Unsere Räder erholen sich im Hotel und wir uns von ihnen. Mit immer noch schmerzenden Beinen stapfen wir die Hügel hinauf und hinunter, entdecken hier einen neuen Nebenweg, dort eine besonders schöne Straßenzeile oder ein gemütliches Restaurant.

Die Stadt, die nur einen Nachteil hat: Man mag nicht mehr weg

Hügelauf, hügelab wogen auch die viktorianischen Häuschen über große Teile der Stadt und machen sie so unverwechselbar. Am Alamo Square wirken sie besonders behaglich gegen die hoch aufgeschossene Beliebigkeit des Bankenviertels.

Als anständige Touristen zwängen wir uns natürlich auch einmal in San Franciscos berühmtes Bähnchen. Quietschend und ratternd mit konstanten 16 Kilometern pro Stunde, krabbelt das Cable Car über die Hügel, wird an den Endpunkten mittels Drehscheibe auf das Gleis der Gegenrichtung gedreht. In zwei schmalen Spalten im Boden zirkuliert das endlose Kabel, das vom »Gripman« mit einem

In San Francisco ist man nie endgültig über den Berg; Straßen führen in den Himmel und stürzen in Schluchten

eingebauten Greifer gepackt wird, und das Kabel nimmt den angeklammerten Wagen mit.

Diese Bahn löste schon vor über 100 Jahren ein Problem, das die Stadtplaner San Francisco mit auf den Weg gaben. Als die Stadt im Goldrausch von 1849 fast über Nacht aus dem Nichts erwuchs, erhielt sie den vertrauten Grundriß amerikanischer Städte. Ungeachtet der natürlichen Bodengestalt überzog man Berg und Tal mit einem schnurgeraden, rechtwinkligen Raster. Die danach auf den steilen, steinigen Wegen stets überforderten Omnibuspferde wurden brutal gequält und riefen einen empörten jungen Ingenieur auf den Plan: Das Cable Car war geboren.

Unversehens sind wir im »Reich der Mitte«, wo in Schaufenstern das Fett von den Enten tropft und Rudel fetter Karpfen Kußmünder an die Scheiben drücken; eine Kehrtwendung, und Sizilien heißt uns willkommen, die heitere Touristenfalle um den alten Fischerhafen, genannt Fisherman's Wharf.

Hier läuft die Show der *street performer*, hier wird gekaspert und gezaubert, lassen Mimen phantastische Lebewesen tanzen oder Marionetten hüpfen. Auf dem Asphalt ist sich jeder selbst der Größte, es setzt knallige Einfälle am laufenden Meter. Die Stimme aus dem Bauch leiht einem kleinen König Leben. Er hält uns eine Ansprache, küßt zwischendurch vorübergehenden Damen artig die Hand, und jeder spielt hier mit. Daneben karikiert ein geschminkter Clown in Streifenhose und Baskenmütze Gang und Mimik seiner Passanten so meisterlich, daß sich die Umstehenden biegen vor Lachen, von den Betroffenen platzt freilich nicht jeder vor Begeisterung. Die Füße eines Mädchens agieren als vergnügliche Puppen, drei akrobatische Breakdancer zelebrieren ihren zackigen Reigen.

Die Theatermacher haben Konkurrenz bekommen, gleich nebenan – schnarchende, stinkende Gäste aus dem Meer. Im Januar 1990 geschah Ungewöhnliches in San Francisco: Eine Kolonie von Seelöwen, man zählte bis zu 300 Tiere, folgte ergiebigen Heringsschwärmen in die Bay und erkor sich die Bootsstege von Pier 39 zum angemessenen Verdauungsplätzchen.

Bereitwillig schaffte man die Boote weg, und die Stadt ist einmal mehr um eine Attraktion reicher; die Einrichtung eines National Parks ist im Gespräch, und es sieht so aus, als hätte die muntere Seelöwenschar nicht die Absicht, die besetzten Planken so bald wieder aufzugeben.

Rudyard Kipling hat recht: San Francisco hat einen einzigen Nachteil, man mag nicht mehr weg. Wir müssen uns aber losreißen, wir wollen doch noch nach Mexiko!

Grandios entläßt uns die Stadt mit dem Golden Gate Park und der Beach, wo ungeachtet des Morgennebels die Surfer bereits ihr nasses Tagewerk aufgenommen haben. Das Kontrastprogramm folgt nach wenigen Meilen in Daly City mit seinen unsäglichen bonbonfarbenen Siedlungshäuschen, die wie Bubblegum unaufhaltsam über die Hügelränder quellen. Dann gibt's wieder viel Gemüse und viele Rinder, spektakulär unterbrochen an den Steilhängen des Devil's Slide Headland, wo die Hänge steinhart und braun sind. Half Moon Bay dann ist schmuck: Villen, Reitschulen und Golfplätze. Die Küste wird wohltemperiert und weniger aufregend: eine Reihe kuscheliger Badebuchten mit hellblauen Toilettenhäuschen. Die See-Elefanten bei Año Nuevo, wo die mächtigen Säuger immer ihre Jungen zur Welt bringen, haben sich auf die Küstenfelsen verzogen und wollen nicht ihren aufblasbaren Nasensack bestaunen lassen.

Wir kurbeln durch bis Santa Cruz, logieren in der Jugendherberge und erfahren hier die Hiobsbotschaft: Der Highway 1 ist südlich von Big Sur gesperrt! Die schweren Regenfälle und Stürme des letzten Winters haben Steilhänge rutschen lassen und die Straße unter sich begraben. Die Umleitung würde bedeuten, tagelang weitab der Küste, mörderischer Hitze ausgesetzt, durchs Gebirge zu strampeln. Viel schlimmer aber: Wir sollen das Nonplusultra der kalifornischen Küste, vielleicht den Höhepunkt unserer ganzen Radreise, umfahren? Das darf nicht sein! Wir wollen es wagen; irgendwie werden wir mit unseren Rädern schon über diesen lächerlichen Erdrutsch kommen. Die Umleitung ist sicher nur für Autos gemeint.

Unsere Tour enthält heute eine fade Etappe. Die Orientierung ist schwierig, wir sind uns nicht einig und werden zunehmend gereizt. Ich möchte so nah wie möglich der Küste folgen, suche den Weg, und immer wieder landen wir in Sackgassen – an Stränden oder Wendeplätzen langweiliger Bungalowsiedlungen. Ulrike fährt schimpfend hinterher: »Ist doch Blödsinn, was du machst! Wir vertrödeln hier nur Zeit. Laß uns endlich die 101 nehmen.«

Drüben donnert der Verkehr auf dem Highway, schon der Anblick macht mich heute aggressiv: »Sieh dir diese gottverdammte

Autoherde an! Mach, was du willst, ich fahre jedenfalls hier. Meinetwegen treffen wir uns auf dem nächsten Campingplatz, okay?«

Wir trennen uns – zum ersten Mal. Irgendwann bin ich auch wieder auf dem Highway (es gibt ohnehin keine Alternative), lege einen großen Gang ein und bin froh, als ich nach Stunden Ulrike in der Ferne entdecke; der Streit ist vergessen.

Blumenkohl, Salat, Kürbisse und endlose Artischockenfelder (capital of the world!), Ackerfurchen bis zum Horizont, dazu kräftiger Gegenwind – wir atmen erleichtert auf, als wir das grüne Meer endlich hinter uns haben und mitten in Monterey auf einem Hügel unser Zelt aufschlagen.

Die Stadt auf der berühmten Halbinsel war unter den Spaniern die Hauptstadt von Alta California, als diese Region noch zur damaligen spanischen Kolonie Mexiko gehörte. Später wurde es Fischereihafen und 1945 durch John Steinbecks Roman »Die Straße der Ölsardinen« unsterblich. Fünf Jahre später gingen Lagerschuppen und Fischfabriken in Konkurs, als die riesigen Sardinenschwärme plötzlich ausblieben. Bis heute sind sie nicht zurückgekehrt, aber die verwitterten Holzfassaden in der »Cannery Row« sind wiederauferstanden, als Hummerrestaurants, Boutiquen und Spezialitätenläden.

Monterey ist auf dem Weg von der Fischfangmetropole zum Vergnügungsort; wir haben nicht viel Freude an dieser touristenwimmelnden Gasse, aber den Besuch im Monterey Bay Aquarium bereuen wir nicht. Ins alte Gehäuse einer leerstehenden Konservenfabrik zog 1984 ein neuer Typ von Aquarium. Nicht mehr beliebiges Sammeln und Ausstellen ist hier die Zielsetzung, sondern die Beschränkung auf »nur« einen einzigen Ausschnitt: den Lebensraum von Monterey Bay. Die Unterwasserwelt vor der Tür wurde ins Becken geholt, die komplexen Lebensgemeinschaften von Pflanzen und Tieren sind naturgetreu dargestellt.

Drinnen stehen wir vor stockwerkhohen Fenstern der Ausstellungstanks mit wuchernden Tangwäldern, lassen uns an anderer Stelle begeistern von der künstlichen Brandungswelle, die exakt alle 47 Sekunden das Wasser für die Brandungsgemeinschaft wieder schaumig schlägt. Das Aquarium streckt sich dem Pazifik entgegen, die Grenzen von Natur und menschlichem Dazutun sind auf geniale Art aufgehoben.

Wir folgen dem Ocean View Boulevard, und es sieht wirklich aus wie auf den Kitschpostkarten. Prächtige weiße Villen blicken auf umbrandete Felsen, malerisch der Leuchtturm von Point Lobos, Wolfspunkt, wo immer noch Seehunde, Seelöwen und Hafenrobben toben. Seewölfe nannten die Spanier die seltsam heulenden und bellenden Tiere. Schlüpfrig, aber bunt wie Blumen überzieht Neptuns Reich die Felsen mit Seesternen, Abalonen, purpurnen Seeanemonen, Meerestieren aller Art. Bis zu den Waden stehen wir in den feuerroten Kerzenblüten der Aloe vera, die den Boden wie ein fleischiger Teppich überziehen. Draußen treiben Seeotter in ihrer bevorzugten Rückenlage, wickeln sich in die Tentakel des Riesentangs und schlafen in ihrer schwimmenden Matratze.

Kelp Forest nennen die Amerikaner diesen bräunlichen Wald in den Wellen. Getragen von Schwimmblasen an den Blattstielen, können die Pflanzen bis zu 100 Meter lang wachsen – immer dem Licht entgegen.

Ich muß an jenen jungen Schotten denken, der den Herbst 1879 in Monterey mit Notizen für ein Buch zubrachte, das ihm Weltruhm einbringen sollte: »Die Schatzinsel«. Vielleicht hat Robert Louis Stevenson sich gerade hier in der Wildnis von Point Lobos inspirieren lassen, so wie es später auch Jack London tat.

Windgebeugt, »vorm Winde fliehend«, wie Stevenson es nannte, sind die Monterey-Zypressen, weiß gebleicht wie Knochen. Hier überwintern jedes Jahr Tausende von Wanderfaltern, schwarzgelbe Monarchfalter, nach ihrer Sommerfrische in Alaska.

Dann setzt es Naturschauspiele am Stück auf dem *17 mile drive*. Schade nur, daß es Eintritt kostet, aber die Millionäre an ihren verschwiegenen Villen mit Blick auf den berühmtesten Golfplatz der Welt wollen ja auch leben. Das ist er also, der häufigstfotografierte Fleck Kaliforniens, das Bild, das man schon hundertmal gesehen hat und auf ähnliche Weise so vertraut wurde wie Matterhorn oder Monument Valley: die berühmte *lone pine*, die sich so melancholisch auf ihren spitzen Felsen klammert; in Szene gesetzt von Pazifik und Santa-Lucia-Bergen.

Carmel by the Sea, das Städtchen unter Zypressen am halbmondförmigen Sandstrand, setzt den Schlußpunkt des teuren Schicks mit 500 Boutiquen – bei 5000 Einwohnern. Bestimmt freut man sich hier über Touristen, vor allem aber, wenn sie wieder gehen und hoffentlich ihr Urlaubsgeld ausgegeben haben. Denn Carmel ist ein Dorf; zumindest legt es Wert darauf, eines zu sein. Wie sonst ist es zu erklären, daß es keine Hausnummern gibt und die Post immer noch beim Postamt abgeholt wird? Die San Carlos Mission allerdings versöhnt. Inmitten von Kakteen, Lilien und Kaskaden feuriger Bougainvilleen steht malerisch die rosa leuchtende Sandsteinkirche, die mit ihrem Tonnengewölbe an die Mauren denken läßt. Wir spazieren durch die sorgfältig restaurierten Höfe, freuen uns an den schönen, von Regen und Wind gerundeten Kirchenmauern. Entworfen wurden die Missionen von den Patres, gebaut aber meist von zwangsverpflichteten Indianern. Wir stehen am Grabmal des Padre Junipero Serra, der die Mission San Carlos Borromeo de Carmelo im Jahre 1770 selbst begründete, und erinnern uns, daß es dieser kleine, energiegeladene Mann aus Mallorca war, der Kaliforniens Geschichte entscheidend geprägt hat.

Hinter Carmel endet plötzlich die Lieblichkeit der Landschaft. Keine Zypressen mehr und keine niedlich bebauten Hügel; nur noch Felsen, Gischt und grüne Schluchten.

Erst 1937 wurde das letzte Teilstück dieser Straße eingeweiht: 120 Kilometer in 20 Jahren, in denen Bauunternehmer und Bezirksregierungen pleite gingen; wie viele Menschen verschüttet wurden, weiß man nicht genau. Zwangsarbeit von Sträflingen vollendete die teure Trasse. Vor dem Highway 1 gab es schon einmal eine Straße im Big Sur, ganze drei Jahre lang. Ein einziger Hurrikan fegte sie ins Meer, samt ihrer 22 Brücken.

Eben kurven wir um die Barriere mit der eindringlichen Mahnung *road closed* herum und machen uns Mut. So schlimm kann es nicht werden, und der Erdrutsch ist ja schon eine Weile her; gerade

Big Sur, der große Süden – nur noch Felsen, Gischt und grüne Schluchten

radeln wir an *slide areas*, ausgewiesenen Erdrutschhängen, entlang, und es sieht doch alles ganz manierlich aus.

Im Augenblick gehört die Straße uns, uns ganz allein, und das auf diesem Traum von stürzenden Hängen und sprühender Gischt. Mal sind wir hoch oben, mal wieder tief an der rauschenden Küste. Wir fahren langsam, können uns nicht satt sehen, jeden Meter wollen wir im Gedächtnis speichern. Unter uns an den Hängen die skurrilen Häuser derer, die sich auch nicht satt sehen konnten und der Küste verfallen sind, weitab vom täglichen Wettbewerb um Dollars und Wohlanständigkeit.

120 Kilometer ohne die Insignien der Zeit: keine Verkehrsampeln, Neonreklamen und McDonalds-Tempel; »alternativ« reicht man hier den *Ambrosia-Burger* – er macht uns beide nicht neugierig. An der abgeschiedenen Küste von Big Sur wird vor allem friedliches, ökologisch besonnenes Lebensgefühl praktiziert, von freiwilligen Frührentnern und, wie im Esalen-Institut gegen klingende Münze, selbsternannten Gurus.

Einst ließen sich hier in den magischen heißen Quellen die Esselen-Indianer von ihren Krankheiten heilen, heute sprudeln hier allerlei Spielarten von Selbstfindung.

Auch Henry Miller badete oft in den Quellen über dem Ozean, wo sich das Brüllen der ewig anrollenden Brecher im Hinterkopf festsetzt. Hier lebte er und schrieb sein »Big Sur oder die Orangen des Hieronymus Bosch.«

Die letzten Kilometer vor Pfeiffer Big Sur State Park fahren wir landein im Schatten hoher Redwoods. Wir sind zu fünft im riesigen Park, außer uns noch Mike und Mary, ein junges Pärchen auf einem Tandem, und Bob, ein schmächtiger Collegeboy von vielleicht 17 Jahren. Sie sind auch auf dem Weg nach Süden, und wir freuen uns über Verstärkung bei dem morgigen Unterfangen auf der gesperrten Straße. Was uns nicht freut, sind ihre Informationen, die sie unterwegs aufschnappten. Angeblich ist letzte Woche ein Radfahrer mit dem Hang in die Tiefe gesaust und ertrunken; andere wurden von der Polizei verhaftet und zurückgeschickt.

Nachdenklich bereite ich am Tisch unser Abendbrot. Ulrike kramt im Zelt, als es neben mir im Gebüsch raschelt. Ich drehe mich um und sehe in ein maskiertes »Banditengesicht«. Ich rufe Ulrike, sie soll sich beeilen, aber der »Bandit« ist nicht bange, kommt zögernd sogar noch näher. Auf leisen Pfoten kommt ein zweiter geschlichen, und dann ist es eine ganze Sippschaft, die uns aus schwarzen Knopfaugen betrachtet: Es sind unsere ersten Waschbären, die wir so nahe sehen. Begehrlich schleichen sie um unseren mager gedeckten Tisch, und wir verleiten sie zu einem Spielchen: Ein Keksstück kommt auf den langen Tisch, gut erreichbar. Das nächste ist dann schon weiter weg und so fort. Wir haben, ich muß es zugeben, unseren diebischen

Spaß an ihren immer komischeren Verrenkungen und den bis zum äußersten gestreckten Krallen. Dem Kleinsten geht dann ein Licht auf. Noch während zwei andere die Arme lang machen, tänzelt er an die schmale Seite des Tisches und hat den Krümel.

Die Nacht hängt noch schwarz über den Bäumen, als wir aufbrechen. Schweigend fahren wir nebeneinander her, einem ungewissen Abenteuer entgegen. Der Redwoodwald gibt uns frei, diesmal unwiderruflich zum letzten Mal, seine Herrschaft endet hier.

Spektakuläre Ausblicke tief hinunter aufs Meer begleiten die Fahrt, doch wir sind nicht emfänglich dafür, haben nur Gedanken an die nächste, entscheidende Stunde. Eine genaue Vorstellung von dem Erdrutsch haben wir nicht, aber als wir dann vor der Absperrung stehen, verfliegt unser Optimismus wie Nebelflocken in Sonnenglut. Unerhört steil und hoch, Anfang und Ende nicht abzusehen, zieht da ein lose bröckelnder Hang vor unseren Augen über die Straße. Hoch oben hören wir Bulldozer rumoren. Zentimeterweise schaben sie den Kegel ab, schieben das Geröll vom vorderen Rand, und so stürzen unentwegt kleine Lawinen von Staub und Geröll den Abhang hinunter.

Mike krallt die Finger in den Drahtzaun und starrt mit leerem Blick auf das Desaster. Immer noch wehrt sich etwas in uns gegen die Erkenntnis, daß es hier nicht weitergeht. Fest steht, wir haben die Situation nicht richtig eingeschätzt. Aber was wollen wir jetzt machen? 160 Kilometer zurück und die langweilige Umleitung nehmen? Der Vorarbeiter hat uns entdeckt und schlendert herbei. Wir erwarten Ärger, aber er ist ein besonnener, freundlicher Mann, erzählt von dem Job hier, seinen Schwierigkeiten und daß sie vielleicht im nächsten Frühjahr fertig seien. Helfen kann er uns allerdings auch nicht. Wir feilschen um jede Möglichkeit, bringen immer neue Vorschläge, aber er schüttelt jedesmal nur stumm den Kopf, schließlich ist er auch für die Sicherheit hier verantwortlich. Achselzuckend entfernt er sich: »Ihr müßt die Umleitung nehmen.«

Da stehen wir nun mit hängenden Köpfen, und auch die grauen Wolken passen gut zum Stimmungstief. Der Vorarbeiter kommt zurück, haben wir ihn etwa erweichen können? Sein Finger zeigt nach oben, dorthin, wo die Wolken die Berge verschlucken, marschiert wie nichts die zersägten Flanken entlang und senkt sich spielerisch wieder nach unten: »Ihr braucht nur hoch in die Berge zu steigen, weit genug nach Süden zu laufen, und dann kommt ihr wieder runter.«

Ach ja, so einfach ist das. Wir schauen eher skeptisch als begeistert, aber der gute Mann strahlt, als stünde ihm für diese Erkenntnis der Nobelpreis bevor.

Immer wieder fahren unsere Augen die imaginäre Route des Zeigefingers ab, tasten sich über die aufmüpfigen Hänge der Santa-Lucia-Berge, wo die kalifornischen Pumas ihre Schleichpfade haben. Zunehmend finden wir Gefallen an der Idee, erscheint sie uns als das kleinere Übel. Es wir schwierig werden und hart dazu, aber nach ein paar Stunden überstanden sein, im Gegensatz zur endlosen Umleitung. Also los!

Unweit der Absperrung führt ein Weg durch einen Wald von Steineichen bergan. Es kostet Kraft, die Räder bergauf zu schieben, aber der Boden ist fest, die Steigung könnte schlimmer sein, und wir sind guter Dinge. Ein Kilometer, dann ist auch Schluß; der Weg endet an einem versteckten Anwesen. Die nächsten zwei Stunden folgen wir der Schlucht, die sich jetzt steil in die Wolkendecke aufschwingt. Unsere gepäckbeladenen Räder drücken schmerzhaft auf den Schultern, wir müssen sie unentwegt tragen. Wir klettern über umgestürzte Bäume, die uns immer wieder den Weg versperren, müssen kleine Abschnitte auf ihnen balancieren. Ich bewundere Mike, nicht nur wegen seiner Kraft, sondern vor allem wegen seines untrüglichen Gleichgewichtsgefühls. Das sperrige Tandem auf der Schulter, tänzelt er mit kleinen, sicheren Schritten über rutschige Stämme, seine losen Badelatschen klatschen den Takt. Unseren Beifall wehrt er ab: »Ist kein Problem für mich, ich bin Surfer.«

Ich bin kein Surfer und habe weniger Glück. Auf einem schlüpfrigen Stamm rutsche ich aus, stürze einen kleinen Abhang hinunter, das Rad hinterher, und es versetzt mir zielgenau mit dem Kettenblatt einen gewaltigen Schlag auf den Kopf. Mühsam rapple ich mich wieder auf, der Schädel dröhnt, Blut sickert, Sterne tanzen vor den Augen. Wie gern würde ich das Rad liegenlassen, wieder heruntersteigen und per Anhalter weiterfahren. Aber es wird kein Auto kommen, denn die Straße ist ja gesperrt.

Von einer Lichtung neben einem verlassenen Haus können wir für einen Moment weiter nach Norden sehen, wo regenschwere Wolken gegen das Küstengebirge branden. Dann nehmen uns Nebel und Sprühregen wieder die Sicht. Die Wolken lagen doch eben unter uns, wir müßten inzwischen hoch genug über dem Bergrutsch sein und könnten die Traverse beginnen. Alle sind wir dankbar, nicht mehr steigen zu müssen; das Schlimmste dürfte hinter uns liegen.

Eine Stunde lang kommen wir gut voran, als wir in der Ferne Hundegebell hören. Wir sehen uns verwundert an, und dann stehen wir vor einem Zaun mit der aufgenagelten, unmißverständlichen Botschaft: *keep out*. Das Hundegebell kommt näher, dazu ein verwegen aussehender Mann mit wirren Haaren, der aussieht, als habe er schon drei andere Leben anderswo ausprobiert und verberge sich hier im grünen Dämmer vor der Welt für den Rest seiner Tage. Die zwei riesenhaften Hunde haben Stimmen wie Fässer und funkeln uns böse entgegen. Der Mann hört sich unser Problem an, nickt kurz und beruhigt die Hunde. Dann öffnet er die Pforte, geleitet uns durch sein weitläufiges Grundstück; die Hunde umkreisen uns weiter achtsam und hechelnd. Er entläßt uns mutlos: »Ich denke nicht, daß ihr durchkommt. Da hinten fällt der Berg so steil ab – unmöglich.«

Jetzt kehren wir auf keinen Fall um. Wir schlagen Haken um »Privatbesitz« und »Kein Durchgang«, fühlen uns ungewollt als Eindringlinge in der abgeschiedenen Welt von Eremiten des neuen Zeitalters.

Immer steiler neigt sich das Gelände, und dann ist vor unseren Füßen nichts mehr. Wie Gefangene stehen wir am Rande eines gewaltigen Trichters, der sich steil in die Tiefe ergießt. Wir geben auf, kehren um, und nach zehn Stunden schlimmster Plackerei sind wir wieder genau da, wo wir an der Absperrung vor dem Bergrutsch aufgebrochen waren. Das war also nichts. Ich fühle mich wie nach einer Tracht Prügel. Mike gibt dem Tandem einen wütenden Schubs; es taumelt die Straße entlang und schlägt knapp vor der

Kliffkante auf. Bob spult Flüche ab wie eine Litanei, Mary hat feuchte Augen und ist kurz vorm Heulen, Ulrike sieht ziemlich fertig aus, mein Kopf schmerzt, und die Vorstellung von Umkehr und Umleitung deprimiert.

Der Vorarbeiter kommt mit fragendem Gesicht und läßt sich unsere Odyssee schildern. Dann schiebt er den Helm in den Nacken und kratzt sich am Kopf. Wir tun ihm leid, und er will uns helfen, das ist deutlich, aber er hat hier schließlich einen Job. Er sieht uns nicht an, so, als wolle er seine Entscheidung selbst nicht gehört haben: »Okay, um acht ist hier Schluß. Ich lasse euch dann rein, ein Truck wird eure Räder hochbringen. Ihr folgt den Fahrspuren. Oben könnt ihr meinetwegen zelten. Aber bevor es hell wird, seid ihr verschwunden, ja?«

Bei den letzten Worten schaut er mich durchdringend an.

Wir jubeln und werden ihn gewiß nicht enttäuschen. Das ist eben auch Kalifornien: Im Zweifelsfall werden hier eher Menschen als Paragraphen ernst genommen. Auf dem Asphalt breitet Mary eine Decke aus, und die Reste unserer zusammengeworfenen Vorräte ergeben ein vielfältiges, wenngleich nicht üppiges Dinner. Über das Wasser vor der tiefstehenden Sonne gleiten langgezogene Formationen von Pelikanen. Ich verfolge sie, bis das Gegenlicht ihre Umrisse auflöst, sie förmlich verschluckt.

In der Nacht weckt uns schwerer Regen. Auf dem zerfahrenen Gipfelplateau der Lawine gab es nirgendwo halbwegs ebene Plätze, die für Zelte getaugt hätten. So rollten wir uns unter freiem Himmel wie die sprichwörtlichen Murmeltiere in die nächstbesten Erdmulden. Notdürftig schützen wir uns jetzt für die nächsten Stunden mit loser Zeltbahn, und beim ersten Dämmerlicht stolpern wir den ganzen großen, glitschigen Sandhaufen herunter. Schlammbespritzt, die Räder verkrustet, kommen wir unten an und sind dennoch glücklich – der Weg nach Süden liegt offen.

Gespickt mit Versorgungsmöglichkeiten ist diese Küste ohnehin nicht, und die wenigen haben mangels Touristen seit dem Unglück geschlossen. Den verborgenen Bewohnern wird es recht sein.

Improvisiertes Dinner

Völlig durchfroren und naß wie die Katzen laben wir uns nach bald zwei Stunden am ersten Kiosk. Mary heult; sie ist fertig, kann kaum noch ihren Kakaobecher halten. Drinnen läuft der Fernseher mit dem Wetterbericht: Ein Hurrikan über dem Pazifik schiebt sich von Süden gegen die amerikanische Küste vor. Es hilft nichts, wir müssen weiter, naß sind wir sowieso; 72 Kilometer noch bis San Simeon. Der Sturm hat Geröll auf die Fahrbahn gebröckelt und die Sintflut hat sie mit schlüpfrigem Schlamm überzogen. Wir folgen bergauf, bergab der schmalen Trasse des Highway 1, wo trotz aller Warnschilder allmonatlich ein Auto die Kurve nicht kriegt und westwärts über die Kante flitzt; einer Straße hoch über dem Wasser, die, alle Vorsprünge nutzend, an die Stirnwand dieser Klippen genagelt ist. Dann, etwa bei Ragged Point, weichen die Berge von der

Küste zurück, die Landschaft wird weicher, offener. Das hier muß es sein, Big Sur, der große Süden.

Wir stürzen förmlich aus den Bergen nach San Simeon herunter, die Kilometer fliegen dahin, und wir haben nur einen Wunsch: ein Bett. San Simeon ist eigentlich nichts: ein Motel, das wunderbarerweise Platz für uns hat, und ein paar vernachlässigte Häuser am Meer.

Oberhalb aber, gebettet auf sanften Hügeln, liegt das Schloß des William Randolph Hearst. An Popularität muß es Disneyland noch den Vortritt lassen, wenngleich es damit manches gemeinsam hat.

Auf dem Gipfel von Macht und Reichtum verfiel der Zeitungsmagnat Hearst auf den Gedanken, sich ein Stück Europa in die kalifornischen Berge zu holen. Der Bau wurde 1919 begonnen und war noch beim Tod des Bauherrn, 1951, unvollendet. Stückweise oder im ganzen kaufte er Schlösser, Klöster, Abteien, ließ sie demontieren und Stein für Stein hier wieder zusammenbauen. Er wollte kein Museum, sondern einen Renaissancepalast, und so wurde Echtes mit kühnen Imitationen vervollständigt.

Nach seinem Tod schenkten die Erben es dem Staat, leben mochte begreiflicherweise niemand darin und Steuern dafür zahlen erst recht nicht.

Viele Millionen Menschen durften seither dieses sonderbare Denkmal bestaunen. Jeder, aber auch wirklich jeder Amerikaner, der von unserer Reiseroute hörte, nahm uns fast ein Versprechen ab, daß wir den Palast des legendären Zeitungsverlegers auf jeden Fall besuchen würden. Bestimmt war es anders gemeint, aber sie hatten recht: Man muß es gesehen haben, um zu glauben, daß es so etwas gibt!

Morgens kaufen wir die teuren Eintrittskarten, spätnachmittags sind wir dann endlich dran, so enorm ist der Andrang. Dabei haben wir noch die Qual der Wahl, welche der vier Führungen wir denn nun buchen sollen. Man kann das Ganze nur portionsweise anschauen (und ertragen!), für jeden Teil gibt es eine *special tour* – und einen neuen Eintrittspreis, versteht sich. Wir entscheiden uns für »Gästehaus, Speisesaal, Swimmingpools«.

Ein Bus fährt uns hinauf, und als er uns 500 Meter über dem Meer aussetzt, inmitten hügeliger Ranches, herrlich duftender Gartenanlagen und einer pompösen Architektur, sind wir zunächst wie betäubt. Aber je länger die andächtig und treuherzig vorgetragene Führung des drahtigen Collegelehrers (call me Richard!) dauert, um so häufiger und ungenierter lachen wir. Reichtum und Größenwahn, künstlerischer Unverstand und Hollywood sind hier Hand in Hand spazierengegangen und geben ein Zerrbild europäischer Kunst auf Mickeymausbeinen.

Wir lachen nicht, weil das Ganze vielleicht ein großartiger Witz wäre. Es ist vielmehr der verzweifelte Versuch, der psychedelischen Wirkung dieses Monstrums zu entkommen. Der vollgestopfte Museumstempel des manischen Alleskäufers, die Sorglosigkeit des protzenden Parvenus, die Fälschung übergangslos mit Echtem verbindet, ist von bedrückender Ungeheuerlichkeit.

Die dürftigen Worte der menschlichen Sprache sind jedenfalls außerstande, diese spleenige Unwohnlichkeit eines Einsamen zu beschreiben.

Er empfing hier gern Hollywoodgrößen, deren Gästebett mit einem Papstgewand bedeckt war; die Zähne putzten sie sich im milden Schein einer Moschee-Ampel »von vor 500 Jahren«. Der Speisesaal, das »Casa Grande«, ist eine Kathedrale im spanisch-mexikanischen Stil mit zwei Türmen, bestückt mit 36 Glocken. Das schmiedeeiserne Portal stammt aus einem spanischen Kloster des 16. Jahrhunderts, danach tritt man in der Vorhalle auf pompejanisches Mosaik, an den Wänden hängen Gobelins, der Versammlungssaal wird präsentiert als »italo-französische Renaissance«. In die Wände ist eine Reihe von Chorstühlen aus einem italienischen Kloster eingelassen, flämisches Hochbarock zeichnet für die Tapisserien, die Decke ist wieder italienisch »von vor 400 Jahren«, an den Wänden Fahnen einer Sieneser Familie – nirgendwo ist ein Fleck gelassen, der nicht an irgend etwas erinnert.

Die Augen sind satt, aber das Gehör hat noch Kapazitäten frei: Ich könnte mir vorstellen, daß jetzt Peter Lorre an einer spätromantischen Monsterorgel Platz nimmt und Liszts »Funérailles« zum besten gibt, arrangiert von Liberace; vielleicht auch Chopins »Trauermarschsonate«. Dabei könnte ihn Placido Domingo begleiten oder Karel Gott.

Wir sind halb betäubt. Man führt uns über barocke Treppen an den Swimmingpool, zu »Neptune's Piscina«, einen griechisch-römischen Phantasietempel voller Statuen im antiken Stil, darunter »die berühmte Venus, geschaffen um 1930«.

Natürlich erfahren wir gleich, daß schon Johnny Weissmüller hier gebadet hat, Olympiasieger und Tarzan vom Dienst des frühen Hollywood.

Irgendwann ist es nur noch lästig; wir sind froh, als der Bus uns gnädig wieder herunterbringt. Die nächsten Busladungen stehen schon parat – ein Mordsgeschäft!

Gott sei Dank, wir sind wieder in der Natur. Zu Hunderten liegen Pelikane faul auf dem Sand und lassen den Hunger noch etwas reifen. Bald werden sie wieder losziehen zum ergiebigen Beutezug. Einige bewegen sich tolpatschig watschelnd ein paar Schritte vorwärts, den langen Schnabel an die Brust gedrückt. Dieser auffällig große, schwerfällige und mitunter linkisch wirkende Löffelschnäbler gehört zweifellos zu unseren Lieblingstieren an der Pazifikküste, und die Kolonien werden immer zahlreicher, je weiter wir nach Süden kommen.

Doch man darf sich keiner Täuschung hingeben; bei langlebigen Tierarten dauert es einige Zeit, bevor der Schwund einer Population bemerkt wird. Dieser uralte Vogel, der schon 30 Millionen Jahre zuvor an den warmen Meeren des frühen Miozäns nistete, ist vom Aussterben bedroht. Die Vergiftung der küstennahen Gewässer durch Pflanzenschutzmittel hat ihn bereits von vielen Inseln des Pazifiks und des Golfs von Mexiko vertrieben; selbst auf den 500 Kilometer von der amerikanischen Südgrenze entfernten, abgeschiedenen San-Benito-Inseln wurden Eier gefunden, deren Schalen zum Brüten zu dünn waren.

Das Spukschloß auf dem Hügel ist vergessen, und es ist schön, wieder auf dem Rad zu sitzen. Der Blick ist jetzt geschult, und immer öfter entdecken wir spielende Ottern im Kelp. Der Wind schiebt kräftig, fast schon zu schnell fliegt die Küste dahin, und bald

Spielende Ottern im Kelp; ihr seidenweiches Fell lockte russische Pelzhändler bis nach Kalifornien

taucht im Abendlicht die ebenmäßige Halbkugel des Morro Rock auf. Er liegt dekorativ am Rande einer Bucht, die dem anheimelnden Touristenort den Namen gab: Morro Bay.

Häuser und Motels stapeln sich übereinander am steilen Uferhang, jeder will teilhaben an schöner Kulisse und theatralischen Sonnenuntergängen. Am Hafen verwöhnt uns ein Fischrestaurant, und es ist bereits stockdunkel, als wir dem Zeltplatz zustreben. Wir finden uns schlecht zurecht und stellen das Zelt schließlich auf einer Wiese auf.

Morgens weckt uns ein würdiger, schwarzgekleideter Herr, es ist der Reverend, der gleich nebenan den Sonntagsgottesdienst halten wird. Morgenfrische, gutgekleidete Menschen drücken sich an unserem höchst deplacierten Zelt vorbei. Es ist uns sehr peinlich, doch in christlicher Duldsamkeit will uns der fromme Mann nur nachdrücklich zur Andacht einladen. Auch wenn vor Gott alle Menschen gleich sind, möchten wir uns doch nicht unter die appetitliche Gemeinde mischen, bauen hastig unser Zelt ab und sehen zu, daß wir weiterkommen.

Morro Bay, ein Dorado für Seevögel

Man merkt, daß Sonntag ist, ganze Pulks von Radrennfahrern im frischen Dreß und blitzenden Rädern geben uns freundliches Geleit oder auch mal Windschatten. Wir fahren um San Luis Obispo herum durch hügeliges Farmland, es wird heiß, irgendwo hier beginnt Südkalifornien.

Die Debatte, ob Kalifornien nicht besser geteilt werden solle, führten schon die spanischen Offiziere, und sie dauert bis heute an. Niemand bestreitet heute, daß Nord- und Südkalifornien zwei verschiedene Länder sind – klimatisch, kulturell und vom Lebensgefühl –, aber wo die imaginäre Trennungslinie nun liegt, darüber gibt es keinen Konsens.

Der Diablo Canyon führt uns wieder ans Meer. Ausgerechnet hier, in der erdbebenreichen Verwerfungszone, steht ein Atomkraftwerk. Man mag nicht hinschauen und wechselt klammheimlich aufs große Kettenblatt. Der Protest gegen den Bau hatte südkalifornische Spielart: Man blies den Vertretern der Obrigkeit Seifenblasen ins Gesicht.

Falls sich der Süden durch verstärktes *easy going* bemerkbar macht und sich dieses Gefühl jedem mitteilt, ja, dann haben wir die Grenze gewechselt. Der Tag ist noch jung, aber unser Zelt steht jetzt schon hinter den Dünen von Pismo Beach, und wir beide messen uns im Bodysurfen – Ulrike gewinnt immer. Sie hat perfekt den Bogen raus, wie man den Körper spannt, sich von der Gewalt der vorpreschenden Welle pfeilschnell ans Ufer tragen läßt und sanft im Sand abgelegt wird. Seit Wochen sind wir am Meer unterwegs und haben erst jetzt zum ersten Mal Badesachen herausgekramt. Wir liegen im Schatten unter Pinien und verdösen mit Hingabe Stunden um Stunden.

Als die Sonne tiefer sinkt, schlendern wir den Strand entlang zum Ort. Seine lebendige Mitte ist dort, wo ein hoher Pier weit ins Meer hinausstelzt. Diese Planken sind das Herz der Küstenorte, die Boulevards. Oben wird geangelt – das füllt Tage und Wochen; unten wird gesurft – das füllt ein halbes Leben. Um uns herum fischen Pelikane oder schaukeln auch nur faul auf dem Wasser. Verbeulte Trucks bringen Angelzeug oder holen schon mal den Fang ab, Menschen bummeln auf den Planken genau in die tiefstehende Sonne oder begnügen sich wie wir mit der Rolle des Zuschauers – pazifischer Abend.

Wie elektrisiert vernehmen wir unter uns ein helles Nageln, wie es entsteht, wenn eine Muschel gegen einen Stein geschlagen wird, und dann wiegt die Dünung einen pelzigen Körper unter dem Pier hervor. Wir sehen genau in das schnurrbärtige Gesicht eines Seeotters.

Wer einmal das Glück gehabt hat, ihn freilebend aus der Nähe zu beobachten, wird dieses Erlebnis nicht so leicht vergessen und den putzigen Kerl spontan ins Herz schließen.

Er liegt auf dem Rücken, schaukelt auf dem bewegten Wasser. Sein Bauch ist der Tisch, darauf liegt ein flacher Stein, den er meistens mit sich herumschleppt. Mit gezielten, kräftigen Hieben seiner kurzen Ärmchen zerschmettert er gerade eine Muschel daran. Er hält sich nicht lange mit ihr auf, dazu hat ihn die Strömung bis auf wenige Meter an die Surfer herangetrieben. Ein eleganter Purzelbaum vorwärts, und er bleibt für eine Weile verschwunden. Als wir ihn wieder entdecken, ziert seine Speisekarte ein Seeigel, der so groß wie sein Kopf ist. Diesmal dauert es länger, bis er sich sein widerspenstiges Menü einverleibt hat. Er nähert sich von der ungeschützten Unterseite, arbeitet sich geschickt Stück für Stück durch das zarte Innenleben und benutzt dabei den Stein als Werkzeug.

Den Höhepunkt des possierlichen Dreiakters aber führt er mit einem Krebs auf. Offenbar mit größtem Behagen, dabei gründlich und keineswegs verschwenderisch, verputzt er ihn so manierlich, daß man ihm zum allerletzten Schliff fast die Krebszange reichen möchte. Eine gelegentliche Rolle um die Längsachse räumt den Tisch frei von Abfällen und läßt gleichzeitig sein Fell durch eindringende Luftblasen sich wieder schön aufplustern.

Die Angler kennen ihn schon, beobachten ihn seit einer Woche. Sie vermuten, da Seeotter keine Einzelgänger sind, daß dieser als Vorposten seines Verbandes neue Nahrungsgründe sondiert. Ein Weilchen unterhält er uns noch mit Kostproben seiner Gelenkigkeit; er rollt sich zur Kugel zusammen, schlägt einige behende Vorwärts- und Rückwärtspurzelbäume und ist plötzlich verschwunden.

Im Formationsflug, genau hintereinander her, ziehen lange Reihen von Pelikanen an uns vorbei, schweben knapp über dem Wasser. Alle halten wie synchronisiert den strengen Rhythmus ein, bei dem auf wenige Flügelschläge jeweils eine kurze Pause folgt. Schwerfällig wie überladene Flugzeuge gleiten sie zu einer Stelle, wo sich die Wasseroberfläche kräuselt. Vielleicht sind hier Schwärme kleinerer Fische vor ihren größeren Verfolgern an die Oberfläche geflüchtet.

Hartschaliges und Widerspenstiges ziert die Speisenkarte dieses kauzigen Meeresbewohners

Die Pelikane scheinen jetzt fast in der Luft zu stehen. Der Schnabel zeigt nach unten, wenige lauernde Kopfbewegungen, dann kippt der Körper vornüber, schießt aus zwanzig, dreißig Meter Höhe senkrecht herunter wie ein fallender, halb zusammengeklappter Regenschirm. Das Eintauchen geschieht elegant – ein kleiner Schlag, wenige Spritzer –, und einen Augenschlag später tanzt der Vogel wie eine zahme Ente auf dem Wasser, so als ob nichts geschehen wäre.

In seinem Schnabelsack ist jetzt heller Aufruhr. Die wilden Sprünge eines großen Fisches sind deutlich erkennbar, und mehrmals muß der Schöpfschnabel in die Höhe rucken, ehe das Opfer Kopf voran im Schlund verschwindet. Unablässig werden sie von kleineren Seevögeln begleitet, die selbst nicht fischen können und darauf angewiesen sind, daß hin und wieder einmal ein Fisch aus dem Schnabelsack entkommt.

Pismo Beach mag uns nicht entlassen, und auch der folgende Tag wird aufs angenehmste vertrödelt. Am Abend wird bekanntlich selbst der Faule fleißig, und als der Wind die Bäume immer anmutiger nach Süden biegt, lösen wir uns doch aus unserem Strandparadies. Ein wenig schwer fällt der Abschied doch, zumal wir dem Meer wieder für 100 Kilometer den Rücken kehren werden. Der Highway 1 schneidet den langen Zipfel des Point Conception ab, wendet sich genau nach Süden und klettert durch die Santa Ynez Mountains. Am Point Conception knickt die Küste scharf nach Osten ab. Dieser westlichste Punkt Südkaliforniens war für die indianische Urbevölkerung der Eingang zu den ewigen Jagdgründen.

Getrieben vom Wind fliegen wir über die *rolling hills* durch offenes Farmland und duftende Eukalyptuswäldchen. Dann wird die Straße schnurgerade wie die Sprinklerrohre auf den unendlichen Feldern, in geraden Furchen knien gerade Reihen von Menschen mit dunklen Gesichtern. In Guadalupe tragen die Männer breitkrempige Hüte; Sprache und Schilder sind spanisch. Die Nachfahren der mexikanischen Großgrundbesitzer, denen dieser Boden noch vor 160 Jahren gehörte, sind heute häufig *illegals,* bei Nacht und Nebel eingeschleuste Illegale. Jeder drückt zur Erntezeit ein Auge zu nach dem Motto: »Ein paar noch, aber dann ist wirklich Schluß, okay?« Ohne sie wären die Ernten ohnehin längst nicht mehr einzubringen.

Zwei große Berge überwinden wir noch mit Vehemenz, und als wir beim letzten Tageslicht in Lompoc zufrieden vom Rad steigen, haben wir die schnellste Etappe der Tour hinter uns: 72 Kilometer in gut zweieinhalb Stunden.

Die halbe Welt bezieht Blumensamen aus dem Lompoc Valley, und die Blumenbeete bedecken das Tal wie bunte Teppiche. 22 Kilometer fahren wir ständig bergauf dem letzten Paß entgegen, der uns noch vom Meer trennt. Die Landschaft ist verändert: die Berghänge weniger zerklüftet, die Luft weicher und vor allem wärmer, das Licht hat mediterrane Kraft; wir sind in Südkalifornien.

Bald im Sturzflug jagen wir vom Paß herunter, und als wir wieder ans Meer stoßen, erscheint es uns fast tropisch: Palmen säumen den Refugio State Beach, und kaum stehen die Räder still, sind wir auch schon drin im azurblauen Wasser und lassen uns von der Dünung schaukeln.

Aber auch der Verkehr ist jetzt südkalifornisch; der Highway 1 ist in die 101 gemündet, und kurze Zeit später verstößt diese ihre treuen Kunden zum ersten Mal: »Für Fahrräder verboten«. Wir sind nicht traurig, die angebotenen Nebenstraßen haben breite Seitenstreifen und sind bequem zu fahren. Am Rande Santa Barbaras verlieren wir die Orientierung. Wir würden gern jemanden nach dem Weg fragen, genügend junge Leute kommen uns ja auch entgegen: Scharen schwitzender Jogger, Radfahrer, Rollschuhläufer, der Uni-Campus dürfte nicht weit sein. Doch niemand kann uns hören! Nicht einer, der sich nicht durch Walkmänner schalldicht isoliert der Außenwelt entzogen hätte, als wären sie alle durch ein Gesetz zur inneren Emigration verdammt. Und das in einer Landschaft, die die Spanier anbetungswürdig empfanden: »Tierra adorada«.

Übertrieben haben sie nicht. Die vorgelagerten Santa Barbara Islands schützen den Hafen vor schwerer See, die Bucht ist nach Süden hin offen, und die Santa Ynez Mountains bilden einen Wall im Rücken der Stadt: ein behaglich gebogener Ort, wie eine Wiege zwischen Bergen und Meer. Ihr heiter-gelassenes Klima überträgt sich auf die Bewohner der villengesprenkelten Hügel – vielleicht ist Santa Barbara die »kalifornischste« aller Städte.

Gleich neben dem Hafen, wo weiße Rudel der Jachten die wenigen Fischerboote umzingeln, beginnt ein langer, sanfter Strand gesäumt vom Spalier der typisch kalifornischen Palmen. Es sind zerzauste kleine Häupter auf lächerlich langgestreckten, dünnen Hälsen, wohl einzig dazu bestimmt, als Staubwedel für garantierte Makellosigkeit am kalifornischen Himmel zu sorgen.

Ein gewisser Exhibitionismus ist in Kalifornien durchaus gefragt, und hier beginnt seine südliche Spielart wie mit einem Paukenschlag. Der Körperkult, die Anbetung und Zurschaustellung des eigenen Körpers, feiert ab jetzt Triumphe.

Nicht ohne Grund fiel das Surfen gerade hier auf fruchtbaren Boden. Ursprünglich ritueller Gebrauch auf Hawaii, geriet es an Kaliforniens Küsten in den sechziger Jahren zum Kult der neuen

Zeit, zum Traum vom Jung-und-stark-Sein, von Freiheit, See und Sonne.

Die Promenade hat ihren Wortsinn eingebüßt, hier geht man nicht. Wer nicht trabt, der rollt – auf Fahrrädern, Skateboards oder Rollschuhen. Selbstvergessen und verführerisch wiegt sich eine schokoladenbraune Schönheit im aufregenden Trikot zum Discosound. Ein klitzekleines, ebenso braunes Mädchen mit Zöpfen wie Draht bedient einen Ghetto-Blaster, der mit suppentopfgroßen Lautsprechern bewaffnet ist. Fasziniert schauen wir lange dieser Tänzerin auf Rollschuhen zu, die auf das vollkommenste Ästhetik und Erotik vereinigt. Wir sind die einzigen Zuschauer, jeder hier ist ja vor allem mit sich selbst beschäftigt. Aufmerksamkeit bekommen, nicht geben, heißt die despotische Devise.

Die Abendwolken über dem Meer sind schon goldgerändert, die Sonne hat sich ein scharfes Pink übergezogen, es wird Zeit, sich eine Bleibe für die Nacht zu suchen. Die Motels haben ihre Neonreklamen eingeschaltet, blutrot ist ihre Botschaft, die uns in allen verbalen Spielarten zum Weiterfahren auffordert: *Sorry, no vacancy, sorry*, häufig ebenso brüsk wie unmißverständlich auch nur *no*. Als wir endlich fündig werden, haben wir eine erste Ortsbesichtigung hinter uns.

Wir setzen sie fort am nächsten Tag, bei Tageslicht, das dieser spanischen Stadt am besten steht. Wir radeln zur 1786 gegründeten Mission, der vielleicht schönsten der 21 spanischen Missionen in Kalifornien, besuchen das County Courthouse im spanisch-mexikanischen Stil mit seinen Fresken und handgemalten Decken. Der Blick vom Uhrturm über die luftige Stadt hinunter zum Meer, über die Dächer schöner Gebäude mit ihren Terrakottaziegeln ist verführerisch, es fällt schwer, nicht zu bleiben.

Ziel- und planlos bummeln wir herum, trinken Cappuccino in pflanzenüberwucherten Straßencafés; lange war Europa nicht mehr so nah.

Südlich von Santa Barbara verändert sich nun alles sehr schnell. Viel Verkehr auf den Straßen, viele Menschen an den Stränden, Boote

Körperkult ist die südliche Spielart vom kalifornischen Exhibitionismus

ohne Zahl in immer größeren Jachthäfen – hier sind die meerverliebten Kalifornier zu Hause. Abends ist der Kopf voll mit vielen überflüssigen Bildern: Straßen- und Reklameschildern, Ölplattformen vor der Küste.

Im Carpenteria State Park will man uns nicht haben, obwohl es einen Hiker-Biker-Platz gibt. Der Ton wird ruppiger, wie man es immer beobachten kann, wenn viele Menschen dicht zusammenleben.

Und hier, im Küstensaum Südkaliforniens, drängeln sich zwei Drittel aller Bewohner dieses ohnehin bevölkerungsreichsten Staates der USA. Wir dürfen schließlich doch noch auf den Platz, erfahren aber auch, daß einige Hiker-Biker-Plätze schon geschlossen wurden; zuviel menschliches Strandgut sah hier in der Vergangenheit eine billige Dauerbleibe.

Morgens baden wir kurz im Meer, obgleich es wenig einladend ist. Der Strand ist übersät mit toten Fischen, und es stinkt buchstäblich zum Himmel. Zwischen März und September kommen mit den Springfluten Schwärme silbriger Fische, die *grunions*, auf die mondbeschienenen Strände Südkaliforniens. Hier laichen sie und vergraben die Eier im feuchten Sand. Die Jungen schlüpfen, wenn die nächste Springflut heraufzieht und sie ins Meer holt.

Auf dem Rad haben wir nichts auszustehen, werden aber auch nicht gerade überhäuft mit begeisternden Blicken. Lustlos schlägt das Meer schlappe Wellen, der Horizont ist gespickt mit Bohrinseln. An den Strandparkplätzen tummeln sich bunte Vans mit erotischem Interieur: Samtvorhänge und plüschige Teppichbeläge *(do it in a van!)*. Die Metallic-Haut der Karossen ist denn auch verziert durch frivole Girls in Animierposen oder einfach durch farbenfrohe Phantasiegebilde. Schwarzgebrannte Typen mit nacktem Oberkörper und Baseballmütze trinken Bier aus der Büchse und blinzeln aufs Meer.

Gleich daneben sitzen Rentner mit Baseballmützen und sehen auch aufs Meer. Sie haben sich versteckt unter den Sonnensegeln ihrer ordentlichen Winnebagos oder Southwinds oder Westbounds oder wie die rollenden Wohncontainer auch immer heißen. Gelegentlich steht jemand auf und hält eine Angel in die müden Wellen.

Unübersehbar auch die dritte Gruppe der Strandbevölkerung: rastlose Asphaltnomaden jüngeren Jahrgangs, die die amerikanische Unabhängigkeit beim Wort nehmen und ihren Besitz reduziert haben auf einen zum Wohnen eingerichteten, ausrangierten Lieferwagen. Einige sehen selbst auf dem Parkplatz wie eine Gefahr für den Verkehr aus, als zerfielen sie jeden Moment in rostige Einzelteile.

Diese Art zu leben umgeht Mieten, Einkommensteuer und monatliche Ratenzahlungen; in einer auf Schulden gebauten Gesellschaft vielleicht eine noblere Form des Daseins, als sich mit seinen letzten traurigen Dollars an einen traurigen festen Wohnsitz zu klammern. Bei Bedarf wird die Bleibe zum Fluchtfahrzeug; überall und jederzeit kann man ein anderes, besseres Leben beginnen: auf einem neuen Parkplatz.

Ventura dann ist schön und schick, besonders an den Piers des Jachthafens. Danach versöhnt uns die Küste für den Rest des Tages wieder wie ein *drive in*-Kino. Leo Carillo State Beach ist die letzte Campmöglichkeit vor Los Angeles, und wie um den Kontrast zu steigern, als Ruhe vor dem großen Sturm, gibt es hier – nichts. Kein Laden weit und breit, kein Restaurant; dazu sind wir fast allein auf dem schönen, schattigen Platz.

Los Angeles liegt uns im Magen, dabei brauchen wir fürs erste nicht einmal ganz hindurch. Gestern hat Ulrike Verwandte in Palos Verdes angerufen und ein Treffen abgemacht: Am Redondo Beach wird uns irgend jemand aufpicken, aber dort sind wir noch lange nicht.

Zunächst läßt es sich gut an; moderater Verkehr, schöne Strände, Frühstück am Strand von Malibu. Die Kliffs zeigen frische Spuren der Verwüstungen durch das Meer; nicht wenige Grundstücke, die unverhofft und ungewollt aus beschaulicher Hügellage in vorderste Strandfront »aufgerückt« sind. Unproblematisch ist hier nichts. Stürme, Erdbeben und Feuerwalzen verheeren in Abständen die Küste, dazu kommt die stetige Sorge ums Trinkwasser.

Der Verkehr wird jetzt dichter, die Appartementhäuser klotziger, die Strände voller: Ist das schon Los Angeles? Ist es nicht, aber wo beginnt denn Los Angeles, oder besser L. A., wie man hier sagt? So genau weiß das niemand, auch die Angelenos nicht, die wir fragen. Vielleicht ist der abgedroschene Spott von den 76 Vororten auf der Suche nach einer Stadt eben doch die Wahrheit. Wie auch immer, wir haben das Problem zu lösen: Wie kommt man hier mit dem Fahrrad hinein – und auch wieder hinaus?

»El Pueblo de Nuestra Señora La Reina de Los Angeles de Porciumcula«, so artig hieß es 1781, als 41 Siedler auf Anordnung eines spanischen Provinzgouverneurs hier ihr Heil fanden: ein Fleckchen für Viehzüchter und Ackerbauern, am grünen Saum eines Flüßchens. Heute schwimmen darauf Autos, Zehntausende am Tag, auf dem Hollywood-Freeway. Lange im Dornröschenschlaf, geriet die Stadt dann sprunghaft zum Moloch mit zehn Millionen Einwohnern, in der Ausdehnung fast so groß wie

Schleswig-Holstein. Wie Brei quellen die Siedlungshäuser immer weiter über die Hügel, eingebunden in ein Spaghettigeflecht ineinander verwobener und fünfstöckig aneinander vorbeiführender Autobahnen.

Die Straße entläßt uns zu kurzen Alternativen am Strand entlang. Immer häufiger halten wir an, lassen uns einfangen von der sinnenfrohen Strandlaune. Santa Monicas baufälliger Pier könnte so auch an der englischen Kanalküste stehen, hergerichtet als Vergnügungspark mit einem pompösen alten Karussell; über allem der Dunst von Bier und *fish 'n' chips*.

Ab Venice wird's dann richtig bunt. Bevor es »entdeckt« wurde, war es ein ärmliches Nichts am Strand, den es hier ohnehin überreichlich gibt. Heute hat es sich zum mondänen Viertel gemausert, zum Treff der Durchtrainierten, Optimalgewichtigen, ein vergnüglicher Jahrmarkt der Eitelkeiten. Hübsche Rollschuhgirls gleiten dahin, mit langen Haaren und langen Schlittschuhschritten ihrer langen Beine; dabei laufen sie noch Werbung für tüchtige kalifornische Zahnorthopädie. Postgelbe oder feuerwehrrote Knieschützer – sehr viel mehr haben sie oft nicht an.

An der *muscle beach* geht es ruhiger zur Sache, zumindest äußerlich. Hier wird schwer dafür geschuftet, gut auszusehen. Ansehnlich und sportlich zu sein gilt vielen Kaliforniern als erstrebenswertes Ziel; vielleicht sind es manchmal aber auch nur tapfer geschlagene Schlachten gegen Langeweile und den Mangel an Herausforderung.

Eben betritt ein fabelhaft gebauter Othello das umdrahtete Viereck, läßt dezent, wie nebenbei die flächigen, aber gut »definierten« Brustmuskeln zittern und legt sich schweigend auf die Bank. Einige sinnverwandte Zuschauer nehmen schweigend auf den Tribünenbänken Platz, ein Helfer wuchtet dem Liegenden eine Hantel auf die Brust, worauf dieser unmittelbar mit seinen Exerzitien beginnt. Danach erhebt er sich ächzend, spannt wie zur Probe die Armmuskeln, als wolle er den Fortschritt ablesen.

Die weiten Strände sind weiß wie Zucker und das Licht gleißend hell. Wir schwimmen mit im bunten Corso, und wären nicht die

Packtaschen, wir würden schon dazugehören. Manhattan Beach, Hermosa Beach, Redondo Beach – Kulissen aus alten Filmen. Und überall wird gegrätscht, gewuchtet, gehantelt, gejoggt, geradelt, gestreckt, als sähen die Olympischen Spiele hier ihrer baldigen Neuauflage entgegen.

Endlos umrunden wir Marina del Rey. Ein neues Venedig sollte hier entstehen, ganz ist es nicht gelungen, aber zum größten Jachthafen der Welt hat es doch gereicht. Gelegentlich soll es an den Hafenausfahrten zugehen wie zur Rush-hour auf den Straßen. Ein paar kurze Zwangsabstecher vom Meer in den Straßenwirrwarr erlauben einen flüchtigen Blick in das »wahre« L. A. (sofern es das überhaupt gibt), in eine Stadt, deren längste Straße 100 Kilometer lang ist. Irgend jemand sagte einmal, alle Straßen sähen hier so aus, als führten sie zum Flughafen – ich finde, das trifft's. Hier darf man bei Rot rechts abbiegen, eine Tatsache, die Woody Allen »L. A.s einzigen Beitrag zur Kultur« nannte.

Pünktlich und angenehmer als erwartet erreichen wir unseren Treffpunkt. Ulrikes Cousin Jan wartet schon mit seinem Uraltkäfer. Eine simple Vorrichtung am Heck nimmt die Räder auf, und wir brausen den Hügel von Palos Verdes hinauf. Verwundert, fast ein wenig entgeistert, schauen wir aus dem Fenster – so schnell kann man sich fortbewegen, und dazu noch bergauf! Seit fünf Wochen haben wir die Langsamkeit entdeckt, sind die schnell vorbeifliegenden Bilder nicht mehr gewohnt.

Die Familie nimmt uns herzlich auf, verwöhnt uns über beide Ohren. Fast zwei Tage genießen wir unbeschwert Baden, Tennisspielen, Sightseeing, Abende im Freundeskreis der Familie. Wir werden ein wenig bestaunt: Aus Germany herüberkommen, sich in die Pedale stemmen und Amerika durchqueren, das ist schon was.

So schön es auch ist, am zweiten Tag packt mich die Unruhe; schließlich sind wir noch nicht in Mexiko. Die Hitze lastet über den ausgestorbenen Straßen, als wir vom hohen Hügel rollen und versuchen, uns aus dem Asphaltdschungel herauszuwinden. Fußgänger, so heißt es immer, sind in dieser autogerechten Stadt schon fast verdächtig und Radfahrer, wie wir merken, einfach nicht vorgesehen. Alle Versuche, nach Süden zu gelangen, enden am immer gleichlautenden Schild: *Freeway entrance, forbidden for bicycles.* Irgendwann wird es uns zu bunt; wir beißen die Zähne zusammen, beugen uns tief in den Lenker und jagen über eine lange Autobahnbrücke nach Long Beach. Unbeeindruckt radeln wir gleich weiter; zumindest die landschaftlichen Höhepunkte sind vorüber. Kamera und Fernglas haben Pause, doch es ist ein vergnügliches Unterwegssein. *Have fun* – die Devise ist ansteckend.

Huntington Beach ist die Wiege der Renaissance im Surfsport, von hier aus begann er seinen Siegeszug um die Welt. Die Wellen sind makellos, als seien sie im Labor hergestellt. Natürlich, auf Hawaii sind sie höher, drohender, gefährlicher. Diese hier krachen nicht, sie zischen. Ihr Vortrieb ist schnell, aber die »Locke« wandert nur langsam am Wellenkamm entlang.

Hier könnte man es selbst einmal wagen, aber sich wahrscheinlich Ärger einhandeln. So lang Kaliforniens Küsten auch sind, bleiben die Zonen idealer Brandung doch begrenzt, und der heißbegehrte Tunnel bildet sich nur an wenigen Stellen. Da verteidigen die Anwohner »ihren« Surf gelegentlich mit allen Mitteln. Der große Wintersturm hat auch das Bodenprofil der Flachwasserzone gehörig verändert. Wo vorher tiefes Wasser war, kann jetzt eine Sandbank lauern. In der Zeitung lesen wir die Warnung: Fast täglich werden Surfer in die Krankenhäuser gebracht – und werden sie im Rollstuhl verlassen.

Surfbretter, wohin man schaut. Sie stapeln sich in den zahllosen Shops, man trägt sie unterm Arm, auf dem Autodach oder der Ladefläche der Pick-ups, denen wummernde Bässe vom Recorder das Karosserieblech wölben.

Ein Abstecher bringt uns zur verwunschenen Mission von San Juan Capistrano. Jedes Jahr, pünktlich am 19. März, kehren die Schwalben hierher zurück und bleiben bis zur zweiten Oktoberwoche.

Immer komplizierter wird das Navigieren auf dem Weg nach Süden, doch wir nehmen es als Herausforderung an den Spürsinn, und plötzlich hat es sogar gewissen Reiz. San Elijo State Beach ist der letzte Zeltplatz vor San Diego und vielleicht unser letzter in den USA. Es ist laut, schmutzig, überfüllt; wir baden lange und kriechen früh ins Zelt.

Kurz nach Sonnenaufgang sind wir schon wieder auf der Straße. Die Luft ist frisch, das Licht gestochen, die Straßen leer, morgendlicher Genuß auf zwei Rädern. Unter uns öffnet sich wie eine weite Schüssel die traumhaft schöne Felsenbucht von La Jolla. Hier studiert Jan an irgendeiner der acht Universitäten. Seine Alma mater ist berühmt: für ihre Erfolge im Rudern. Am Strand sehen wir dem akademischen Jungvolk zu, wie es mit Surfbrett unterm Arm zum Strand trabt und sich noch einmal schnell den Morgenwellen entgegenwirft. Schließlich braucht ein tüchtiger Geist auch einen tüchtigen Körper, jedenfalls stabil genug, um all die Freizeitangebote aushalten zu können.

Ich war bisher auf der Tour mit Steinen und Schlaglöchern nicht immer vorsichtig, und entsprechend sehen meine Laufräder jetzt auch aus. Mexikos Straßen werden härtere Anforderungen stellen, und so will ich meinem treuen Rad neue Felgen spendieren. Wir finden einen gutsortierten Radladen, ich werde ausführlich beraten, und der Mechaniker verspricht, es ordentlich zu machen. Er checkt auch gleich Ulrikes Rad, will es mit »auf Vordermann« bringen; abends sei alles fertig. Was macht man ohne Rad in San Diego? »Sea-World« natürlich, ist doch weltberühmt! Der Ladenbesitzer läßt es sich nicht nehmen, uns höchstpersönlich dort abzuliefern.

Zu Recht ist »Sea-World« eine Attraktion, herrlich gelegen an der Mission Bay, schön gebaute Arenen für die Show, funkelnde Aquarien. Da sehen wir sie nun alle wieder, unsere liebgewordenen Freunde aus dem Ozean. Killerwale, Delphine, Seelöwen und Ottern sind Schauspieler geworden in kleinen Theaterstückchen mit albernen Dramaturgien zur Erheiterung des Publikums. Aber man muß dann doch zugeben: Es ist ganz einfach hervorragend gemacht. Die mit leichter Hand temporeich vorgeführten Dressurnummern haben Charme und Witz, wie er vielleicht nur bei Amerikanern gelingt. Show ist hier Geschäft, und sie beherrschen es meisterlich. Dabei haben wir durchaus das Gefühl, daß die hochintelligenten

Meeressäuger gern mitmachen beim Klamauk nach Zeitplan. Allein in den Aquarien könnte man Tage zubringen, und irgendwann müssen wir uns regelrecht losreißen, um nicht noch den Ladenschluß zu versäumen.

Der Mechaniker hat Wort gehalten. Meine Laufräder sind makellos, sie sind es bis heute. Auch Ulrikes Rad hat die Kur gutgetan: Bremsen, Schaltung, alles wieder leichtgängig.

San Diego erscheint uns unübersichtlich, eine schwimmende Großstadt mit Lagunen, Buchten, Inseln, Halbinseln, natürlichen und künstlichen Wasserstraßen, Jachthäfen. Einige der Brücken dürfen wir nicht befahren; dafür haben einige Busse Fahrradständer am Heck und bringen uns über die Nadelöhre.

Die Strände sind gepflastert mit bescheidenen, adretten Strandhäuschen, wo sich am Abend junges Studentenvolk auf den meerseitigen Terrassen lümmelt und an 300 Tagen im Jahr dem sinkenden Feuerball zusieht, der dabei errötet wie eine Orange aus dem Santa Clara Valley. Es ist die Stadt der sanften, subtropischen Ruhe, wo Pensionäre voller Hingabe Rasen sprengen, die so grün sind wie frischgedruckte Dollarscheine, und auf ebenso grünen Rasenflächen Golf spielen. Auch hier wird auf den endlosen Promenaden geradelt, gerollert und gejoggt, aber es wirkt streßfreier als etwa in Venice, spielerischer. Vielleicht hat es mit den unvergleichlich lauen Abenden zu tun, vielleicht wirkt immer noch San Diegos Entwicklung nach, die alles andere als turbulent verlief.

Der erste, der kam, hieß João Rodriguez Cabrilho, war portugiesischer Seefahrer und der erste Weiße, der das heutige Kalifornien betrat. Er verließ die schöne Bucht, die er San Miguel nannte, schon nach sechs Tagen, am 4. Oktober 1542, und 60 Jahre Dornröschenschlaf folgten. Danach tauchte Sebastian Vizcaino auf, bewunderte den natürlichen Hafen – und segelte wenige Tage später weiter nach Norden. Immerhin fand er noch Zeit zum Umbenennen; es war gerade der 13. November, der Tag des andalusischen Missionars San Diego de Alcala. Diesmal dauerte der Schlummer allerdings länger: 167 Jahre.

Der Franziskanerpater Junipero Serra kam 1769 aus Mexiko, pries die herrliche Bucht und gründete oberhalb des Flüßchens San Diego die erste der kalifornischen Missionen. Danach zog es ihn weiter nach Norden. Bis ins Jahr 1823 sollten noch zwanzig weitere Missionsstationen folgen, was vor allem jenem Pater zu verdanken ist. Wie Perlen an einer Schnur, jeweils einen Tagesmarsch voneinander entfernt, reichten sie die Küste hinauf bis nach San Francisco als Vorposten der Zivilisation in der Wildnis. Auf diesem »Camino Real«, dem »Königsweg«, folgten den Franziskanermönchen und spanischen Soldaten alsbald die Siedler.

1867 ging es dann in San Diego endlich voran. Ein gewisser Alonzo Horton, Möbelhändler aus San Francisco, stand an der »schönsten Bucht, die ich je gesehen habe«, aber er ließ es nicht bei Lobpreisungen. Seine visionäre Vorstellungskraft verzauberte das staubige Nest in eine prächtige Stadt. Vorläufig aber lebten hier zwölf Menschen an einem Flüßchen, das nur selten Wasser führte, tummelten sich Wölfe, Füchse und Kojoten, krochen Schlangen und Taranteln über den Wüstenboden. Für 265 Dollar kaufte er den verdutzten Siedlern das gesamte Gebiet ab. Sein Vorhaben war ebenso einfach wie genial.

In jener Zeit waren überall in Amerika Geschäftsgrundstücke in Ecklagen, sogenannte »corner lots«, heiß begehrt und entsprechend teuer. Zurück in San Francisco verkaufte er für anfangs 600, später 1000 Dollar Grundstücke einer Stadt, die es zwar nur auf dem Papier gab, dafür aber einen unschätzbaren Vorzug genoß: Sie bestand fast nur aus Eckgrundstücken. Die Straßenzüge waren so eng geplant, daß alle hundert Meter eine neue Ecke auf investitionsfreudige Geschäftsleute wartete. Jedes Schiff aus San Francisco brachte dreihundert neue Einwohner in die Wüste – anfangs wußten sie wohl selbst nicht, was sie hier eigentlich suchten. Irgendwann zahlreich genug, fingen sie, wo sie denn nun schon einmal hier waren, tatsächlich an, miteinander Handel zu treiben.

Wir stehen am Bahnhof und warten auf den Bus, der uns über die Brücke zur Coronado-Halbinsel bringen soll. Das letzte Sonnenlicht verglüht in bronzefarbenen Fronten der Glasburgen, die das Stationsgebäude umzingeln. Dieses erschöpft sich in Vorhandensein, kokettiert mit der Pracht spanischer Architektur, aber Züge kommen hier seit 100 Jahren nicht mehr.

Damals träumten San Diegos Stadtväter von der großen Drehscheibe nach Süden. Zwei Jahre kam die Santa Fe Railroad, dann zerstörte ein Erdrutsch einen Teil der Gleise. Die Reparatur erübrigte sich, als man feststellen mußte: Es gab 160 Kilometer nördlich eine andere Strecke, die nach Los Angeles.

Nun wollte man wenigstens den schönsten Hochseehafen bauen. Es wurde bedächtig und gründlich geplant, und als 1911 der erste Spatenstich erfolgen sollte, wurde in der Nähe gerade ein neuer Hafen eingeweiht, nämlich in Los Angeles. Nun, San Diego hat die Kurve doch noch gekriegt, aber es gibt immer noch Spötter, die meinen, das Beste an San Diego sei die Straßenbahn nach Tijuana. Morgen werden wir es herausfinden.

Es ist spät und stockdunkel, als wir auf der handtuchschmalen Coronado-Halbinsel nach Süden radeln, rechts der gleichmäßig atmende Ozean, links die Bucht mit fernen Lichtern. Meine schönen neuen Felgen hoppeln über lose Steine, schlagen in manches Loch, aber sie überstehen es mit Bravour. Lediglich ein Platter ist der Preis für die Nachtfahrt. Der nächste Picknickplatz am Silver Beach ist uns gerade recht zum Übernachten. Wir überlegen noch, ob wir überhaupt das Zelt brauchen, als es urplötzlich anfängt zu regnen. Wir sind doch gleich in Mexiko, wie kann es da regnen?

Es regnet die ganze Nacht hindurch, und auch am Morgen sind Himmel und Meer noch bleigrau. Irritiert packen wir zusammen; so haben wir uns den Süden nicht vorgestellt. Zwei Stunden später ist der Vorhang weggezogen, und die Sonne sticht jetzt erbarmungslos. Der Weg zum Grenzübergang scheint kompliziert zu sein, vielleicht haben wir ihn auch nicht richtig verstanden; jedenfalls landen wir an einer Müllkippe, dahinter ein Ungetüm von Zaun, fünf Meter hoch. Drüben ist Mexiko. Bröselnde, bonbonfarbene Häuser an einem schmutzigen Hang, lachende, dunkle Kinder, barfuß und in viel zu großen Hosen. Sie winken uns zu, geben Zeichen, wenn ich sie recht verstehe, sollen wir wohl über den Zaun klettern. Lange radeln wir retour und fädeln uns dann einfach in den Freeway ein. Vierspurig flutet der Verkehr bei San Ysidro durch das Grenztor, 100 000 Menschen passieren täglich diese Grenze, die meistfrequentierte der Welt; niemand will unsere Pässe sehen oder gar abstempeln.

»Wir haben es geschafft!« Wir umarmen uns, sind glücklich und natürlich auch ein wenig stolz. Wir sind tatsächlich in Mexiko, knapp 3300 Fahrradkilometer liegen hinter uns. Zählen wir British Columbia einfach mit, so beginnt hier der fünfte Staat unserer Reise. Ein Passant schießt das »Gipfelfoto«, doch hier soll nicht das Ende sein; etwas mehr wollen wir noch sehen von dem uns fremden Land. Wir schlagen die Karte auf und zeigen auf die erste größere Stadt: Ensenada, 150 Kilometer von hier, da könnten wir morgen sein.

5 Baja California – heiße Erde am Pazifik

Die Stadt hinter der Grenze gibt es eigentlich gar nicht. Mein alter Schulatlas jedenfalls kennt noch kein Tijuana, nicht einmal ein ganz kleines. Heute wabert hier eine Millionenstadt über braune, zerschlissene Hügel, es ist die am schnellsten wachsende Stadt Mexikos, noch vor Mexiko City.

Größer könnte der Kontrast wirklich nicht sein zum weißen, reichen, gepflegten San Diego. Tijuana ist ein Stadtgeschwür hinterm Drahtverhau, laut, rauh, bunt und schmutzig. Genau darin liegt wohl ihre ungebrochene Anziehungskraft; ein bißchen Unordnung und Schmuddeligkeit von Zeit zu Zeit ist doch ganz hübsch. Außerdem ist man abends wieder zu Hause. Wie ein Magnet zieht es Tagestouristen an, »Mexiko ist billig«. Amerikanische Teenager kommen herüber, um Cocktails zu schlürfen, Einkaufsbummler wühlen in Ledersachen und Keramikkitsch, orientieren sich aber hauptsächlich am zollfreien Whisky und Parfüm. Die ganze Stadt ist ein endloser Basar; im Geschwindschritt trabt ein Lederverkäufer neben Ulrike und möchte ihr unbedingt ein Hängetäschchen überstreifen. Mir traut man Schärferes zu: »Mister, Marihuana?«

Welk gewordene Chevrolets schlurfen um die Ecke, leise schuffernde Achtzylindermotoren unter gedellten Haifischflossen – hier begann ihr zweites, längeres Leben, nachdem sie »oben« aus der Mode kamen. Die fransigen Ränder der Stadt werden beherrscht von Autowracks, die Konsequenz einer landesüblichen Fahrweise, getreu dem Gesetz des Stärkeren. Ob sie hier zur letzten Ruhe liegen oder geknautscht, verbeult, verzogen einer abermaligen wundersamen Wiedergeburt entgegenrosten, ist nicht zu sagen. Geschundene Karossen dreschen an uns vorbei; filigran ihre Dompteure am Volant, deren leichte Beine offenbar schwer auf dem Gaspedal lasten.

Wohlmeinende Amerikaner haben uns immer wieder vor Mexiko gewarnt, ja beschworen, hier nicht mit dem Fahrrad zu fahren. Wir würden überfallen werden oder man würde uns rücksichtslos einfach über den Haufen fahren, sie jagen wie die Irren.

Sie hatten recht, zum Teil. Vielleicht sind zwei Gringos auf dem Fahrrad irritierend, vielleicht unterschätzt man mexikanisches *fair play*; jedenfalls fahren sie Bögen um uns, tippen freundlich an den Sombrero oder auf die Hupe und schenken uns oft ein Grinsen, als würde ein Reißverschluß aufgezogen. Dennoch, etwas mulmig ist uns schon, sehen wir doch viele Wegkreuze am Straßenrand und Autowracks an den Steilabstürzen zum Pazifik.

Wir brauchen nicht lange, um die Dramaturgie der Straße lesen zu können, die Kreuze vorherzusagen. Kurven, die sind es vor allem; eine niederkalifornische Kurve gibt flotte Straßenkreuzer ungern wieder her. Ein Kurvenschild ist die Ankündigung eines Auto- oder Menschenfriedhofs, manchmal auch von beidem. Mehr als vier Kreuze stehen wohl für Frontalzusammenstoß, darunter sind alle Varianten des Schicksals möglich. Die unvergänglichen Reste rücken auf zu Insignien der Trauer. Blutrote Rücklichtsplitter werden zu Rosen, der Zierring der Felge zum funkelnden Kranz. Kreuzen läßt sich alles, was länglich ist wie Scheibenwischer oder Chromleisten.

In Rosarito steigen wir ab im ersten Haus am Platze, dem Rosarito Beach Hotel, einem pompösen spanischen Palast aus den zwanziger Jahren. Ein wenig heruntergekommen ist es schon, und niemand nimmt Anstoß, als wir unsere Räder über die Teppiche in der schwülstigen Lobby schieben. Im Vergleich dazu ist das Zimmer wie die Zelle eines Trappistenklosters, doch wir sind zufrieden, trinken Tequila und bummeln am Strand, zum letzten Mal. Wir stapfen im Sand, den die Sonne durchglüht und bleicht, und denken zurück an die schwarzglänzenden Kiesstrände im Norden, wo unsere Reise begann.

Morgen werden wir in Ensenada sein und die gewaltige Herausforderung gemeistert haben. Das muß heute abend gefeiert werden! Wir suchen uns ein schönes Lokal und bestellen die berühmten Lobster. Fast biegt sich der Tisch, so groß sind sie, und beim Bezahlen komme ich mir vor wie ein Betrüger, so billig ist es.

Nach der ersten nun die dritte Welt; die Kontraste sind unübersehbar

Unsere letzte Etappe ist die schwerste. Sie beginnt herrlich, immer am Meer entlang auf hohem Steilufer, umfächelt von einem Hauch von Brise. Doch dann wird die Küstenstraße zur Autobahn, und wir werden in einem Riesenbogen durch die Berge geführt. Das ursprüngliche Kalifornien, die »Mutter Kaliforniens«, ist eine Halbwüste, nur gelegentlich sehen wir dort, wo Wasser hingeleitet werden kann, Felder und kleine Ortschaften.

Die flachen Behausungen in den staubigen Dörfern sehen aus wie breitgedrückte Schachteln; Straßen dehnen sich zu Plätzen, als sollte der überreichlich vorhandene Raum ein wenig gefüllt werden – die Baja zählt zu den am dünnsten besiedelten Landstrichen der Erde.

Viele Orte in seinem Inneren haben heute weniger Einwohner als vor 100 Jahren. Damals verschenkte die mexikanische Regierung Land, aber die Dürre der neunziger Jahre vertrieb die meisten Neusiedler wieder.

Struppige Köter fegen von weither in schlau berechnetem Winkel zielgenau an unsere Beine, und die Luftpumpen kommen wieder zum Einsatz.

Wie ein Wurmfortsatz erstreckt sich Baja California nach Süden, ähnlich Italien oder Florida, aber es ähnelt keinem von beiden und auch keinem anderen Gebiet der Erde. Vor 20 Millionen Jahren löste sie sich vom Festland und driftet seitdem nach Norden, fünf Zentimeter im Jahr, als biologische und geologische Schatztruhe mit gerade gelüftetem Deckel. Es ist eine erstaunliche Halbinsel aus Gebirgen, Hochebenen und Wüsten, eine Landschaft im Urzustand, wild, lebensfeindlich und unbequem.

Wer sich hier vorwagte und nach 1500 Kilometer ihr Ende erreichte, war in eine Falle gelaufen, eine Sackgasse. Dort, wo die Halbinsel jäh in einem vom Meer geformten Felsenlabyrinth in den Pazifik stürzt, hat man nur noch Wasser vor sich, bis zur Antarktis.

Das Land sah Invasoren kommen und schüttelte sie wieder ab: spanische Eroberer, jesuitische Missionare, Glücksritter und Goldsucher. Die ersten, die 1534 kamen, suchten Gold und einen Seeweg nach Indien, dazu das sagenhafte Amazonenvolk mit seiner Königin Califia. Um 1500 beschrieb der spanische Dichter Garcia Rodriguez Ordonez de Montalvo in dem damals vielgelesenen Ritterroman »Die Heldentaten des Esplandian« eine phantastische Insel »rechts von Indien, in unmittelbarer Nähe des Paradieses gelegen, bewohnt von schwarzen Frauen, unter denen sich nicht ein einziger Mann befand. Sie besaßen schöne, kräftige Körper, außerordentliche Tapferkeit und Stärke. Alle ihre Waffen bestanden aus Gold. Und aus Gold waren auch die Geschirre ihrer wilden Reittiere, weil es auf der ganzen Insel kein anderes Metall gab.«

Der kalifornische Traum, der die Geschichte an der Pazifikküste bestimmen sollte, war geboren. Doch die Konquistadoren fanden nicht, was sie suchten. Als Hernan Cortez mit seinen Truppen in der Nähe des heutigen La Paz landete, glänzten anstelle von Goldklumpen nur hitzige Steine, und die Indianer ritten nicht im Goldgeschirr umher, sondern hausten armselig in Höhlen und Zelten aus Baumrinde und Tierfellen. Hier gab es keine Schätze zu gewinnen, sondern höchstens Seelen zu bekehren. Aber auch die Gottesmänner verließen 1845 wieder das Land, als es nichts mehr zu missionieren gab: Die ohnehin spärliche Urbevölkerung war ihnen weggestorben. Seit 1973, mit der Fertigstellung der Straße Mex 1 bis ans Cabo San Lucas, rollt die jüngste Invasion mit amerikanischen Touristen und macht den wüsten Landstrich fleckenweise salonfähig.

Uns wird nichts geschenkt. Wir strampeln bergauf, bergab durch von der Sonne gebackene Berge, die Flanken sind vertikale Wüsten. Es ist jetzt Anfang September und damit Beginn der heißesten Zeit des Jahres. 45 Grad im Schatten sind normal, nur es gibt keinen Schatten. Das Land ist ein Ofendeckel, die Sonne trommelt wie mit Fäusten, die Luft wirft Blasen. Wir sind allein auf der Straße, mitten im endlosen Nichts. So also sieht das Land aus, wo sich Stevenson und Steinbeck inspirieren ließen oder D. H. Lawrence gar vermutete: »Hier also hält sich Gott versteckt.«

Die Rennreifen hinterlassen dünne Linien im Asphalt; steigen wir an Pässen ab, weil eine Felswand etwas Schatten wirft, kleben die Schuhe fest. Zwischendurch gönnen wir uns kurze Rast, kriechen unter einen schütteren Busch, kommen zerkratzt heraus – die Baja kann heile Haut nicht ausstehen.

In einem Land, das vor Durst krepiert, hat sich die Vegetation in Jahrmillionen auf gefletschte Stacheln eingeschworen, um den Saft bei sich zu behalten. Die Natur verkriecht sich in sich selbst, ist in Wartestellung, um beim nächsten Regenguß zu explodieren. 110 Kakteenarten gibt es in der Baja, davon 80 nirgendwo sonst auf der Welt.

Endlich – eine schattige Bar am Straßenrand. Wir stürzen an die Theke und geben uns erst zufrieden, als der Eisschrank seinen gesamten Vorrat kleiner, köstlich-kühler Saftdosen an uns abgegeben hat.

Bald darauf stoßen wir wieder ans Meer, und diesmal taucht es zum letzten Mal vor uns auf. Wir sind in Ensenada, am südlichsten Punkt und am Ende einer Traumtour. Wir nehmen Abschied von den Wellen, die, je nach Licht, grün, grau oder tintenblau auf Strände gerollt oder gegen Klippen angebrandet sind. Wir versäumen auch nicht, uns von den Kormoranen zu verabschieden, die uns auf Tausenden von Kilometern begleitet haben und uns richtig lieb geworden sind. Still hocken sie da und geben auch hier ihr Bestes, um schwarze Felsen in weiße zu verwandeln.

Bald sechs Wochen auf dem Rad, da sollte es uns doch nach einem Kontrastprogramm gelüsten, vielleicht etwa einmal im Auto spazierenfahren. Merkwürdig, aber es ist nicht so. Wir sind süchtig geworden und wollen jetzt zum Grand Canyon!

Aber das ist eine andere Geschichte.

Anhang

Erfahrungen, Empfehlungen

Mein wichtigster Rat vorweg: Zeit nehmen! Amerika ist nicht aus der Welt, und wen hier einmal der Bazillus erwischt hat, wird ohnehin bald wiederkommen. Viele Amerika-»Anfänger« unterliegen dem Wahn, unabhängig vom Fortbewegungsmittel, möglichst viel »mitzukriegen«. Für Küstenfreaks ist dies die tollste Strecke der Welt! Ich habe berühmte Radtouren, über die ganze Welt verstreut, hinter mir, aber keine kann sich nur annähernd an dieser messen. Wir haben die beschriebene Tour nach sieben Jahren wiederholt und dabei gemerkt, wie wenig wir ihr beim ersten Mal gerecht wurden, an wie vielen »Spots« wir vorbeigefahren sind. Dabei waren schon zwei Autoreisen vorweggegangen, die vergleichsweise nur schemenhafte Bilder hinterließen. Der enorme Vorzug des Fahrrades gegenüber dem Auto liegt in der Langsamkeit; wer versucht, dies durch Gewaltetappen auszugleichen, betrügt sich selbst und wird am Ende nichts gesehen haben! Deshalb auch mein dringlicher Appell: keine Abstecher auslassen, hier liegen oft die »highlights«. Wir brauchten für die ca. 3400 km lange Küstentour knapp 6 Wochen, die uns nicht erschöpften. (Danach fuhren wir noch Rad in Arizona, zum Grand Canyon.) Es gab Tagesetappen von 150 Kilometern, aber auch solche von 50, je nachdem, wieviel zu erkunden war. Der schönste und für den Anfänger einfachste Abschnitt ist zweifellos Oregon. Nordkalifornien steht an Schönheit nicht nach, ist durch die Berge aber anspruchsvoller; in Washington hat man das Risiko des unbeständigen Wetters und dazu die langen, einsamen Strecken. Dieser Staat erschließt sich ohnehin erst dem richtig, der Zeit für Abstecher mitbringt.

In San Francisco hat man den schöneren Gesamtabschnitt hinter sich, der absolute Höhepunkt der ganzen Tour aber ist der Big Sur! Südlich von Los Angeles wird das »Navigieren« zum Hauptproblem, das Auffinden von Straßen, die dem Radfahrer offenstehen.

Für Alleinreisende steigt die Wahrscheinlichkeit, einen Radelpartner zu finden, je weiter man nach Süden kommt. In jedem Fall wird man abends auf den Hiker-Biker-Plätzen Gleichgesinnte treffen.

Fahrrad, Ausrüstung

Tourenrad (mit Rennlenker) oder *Rennrad* ist eine reine Geschmacksfrage, mit beiden wird man auf amerikanischen Straßen gut zurechtkommen. Ein Mountain-Bike wäre blanker Unsinn. Wir benutzten sehr leichte Straßenrenner, ebenfalls leichte, aber stabile (und teure) Alugepäckträger. Ich rate generell zu hochwertiger Ausrüstung, auf Dauer ist es ohnehin die billigere. Gepäcktaschen hinten genügten uns; von Lenkertaschen halte ich wegen der Einschränkung beim Anfassen des Lenkers und aus Stabilitätsgründen nichts, obgleich man sie viel sieht. Vielleicht aber diese Beobachtung: Sind Taschen vorhanden, wird es einem geheimnisvollen Gesetz zufolge immer gelingen, sie zu füllen. Dringender Rat also: wenige Taschen = wenig Gepäck und Gewicht. Die Küste ist nicht wie in Holland oder Dänemark; es ist ein Ritt durchs Gebirge, und die täglichen Steigungen sind keinesfalls zu unterschätzen. Ganz wichtig deshalb: Rennpedale mit Schlaufen und halbwegs feste Joggingschuhe. Eine gute Zehngangschaltung muß das Rad haben, wobei man vor allem die großen Ritzel (also die kleinen Gänge) sorgsam abstufen sollte. Ein Schloß hatten wir aus Gewichtsgründen nie. Unser Vertrauen in Amerika ist groß und wurde nie enttäuscht. Immer wieder standen unsere beladenen Räder stundenlang an Parkplätzen, während wir uns mehr oder weniger sorglos an den Stränden tummelten. Man stelle sich das in Südeuropa vor! Vielleicht sind wir leichtsinnig, aber nach einem Dutzend problemloser Reisen möchte ich mich entschieden gegen das bei uns oft gezeichnete Horrorbild der USA bezüglich Kriminalität verwahren.

Reifen: Die erste Reise absolvierten wir noch auf Schlauchreifen, wie sie Radrennfahrer benutzen, sie haben wegen der hohen Drücke den geringsten Rollwiderstand. Dennoch würde ich davon abraten, weil sie kaum zu reparieren, sehr teuer und hier kaum noch erhältlich sind. Die Entwicklung ist gut vorangekommen und heutige Drahtreifen vertragen inzwischen schon beachtliche Drücke. Ich würde wieder relativ schmale Drahtreifen wählen; ein Satz guter neuer Reifen hält die Tour durch. Zwei Reserveschläuche sollten immer parat sein, damit man nicht am Straßenrand flicken muß. Wir hatten zusammen etwa fünf Platten.

Der *Sattel* ist vielleicht die wichtigste Komponente. Wer nicht mehr sitzen kann, wird sich an keinem Leuchtturm mehr freuen und auch nicht durch spielende Ottern von Trübsal befreit werden. Leider gibt es hier keine Kompromisse – es muß ein harter Rennsattel sein. Die Kraft der Beine soll nicht als Verformungsarbeit in federnden Sätteln landen, außerdem sind sie auf langen Strecken unbequem. Dem geschockten Anfänger kann ich zum Trost sagen, daß der (gelegentlich) schmerzliche Gewöhnungsprozeß einmalig ist, sich auch später nicht wiederholt.

Eine besonders weitsichtige Wahl wäre der Klassiker von Brooks. Das Einsitzen dauert zwar länger, aber dann hat man den »Kumpel« fürs Leben.

Ungeachtet aller ästhetischen Erwägungen (sind meine Beine nicht zu kurz?) rate ich zu einer guten *Rennhose* mit Einsatz. Sie hat ihren Sinn, und das Spiegelbild irritiert nur beim ersten Mal.

Gepolsterte *Radhandschuhe* finde ich angenehm; sie nehmen einen Teil der ständigen Stöße auf.

Außer *Werkzeug* zum Montieren des Rades nach bzw. vor Transporten hatten wir kein Werkzeug mit.

Ersatzteilbeschaffung oder Reparatur ist generell kein Problem, natürlich aber auf etwas größere Orte beschränkt. Amerikaner sind hilfsbereit, und einen Radfahrer in Nöten *on the road* läßt man im Bike-Shop nicht warten.

An *Zelt, Schlafsack* etc. brauchen keine besonderen Anforderungen gestellt zu werden. Wer noch nichts besitzt, sollte überlegen (gilt auch für Radkleidung), es in Kanada oder den USA zu kaufen. Die Auswahl ist groß, und es läßt sich einiges sparen.

Last not least empfehle ich ein *Fernglas.* Die Küste ist ein einmaliger maritimer Zoo, und hat man erst mal raufende Seelöwen und spielende Ottern »formatfüllend« vor Augen, ist das zusätzliche Gewicht vergessen.

Klima, Reisezeit, Reiseroute

Das Klima ist maritim, häufig kühl, aber gerade zum Radfahren sehr angenehm. Ein halbwegs warmer Pullover sollte genügen; wichtig ist aber Regenzeug. Spätestens in Kaliforniens Süden hat beides seinen Dienst getan. Am besten schickt man Überflüssiges per Schiffsfracht vom nächsten Postamt nach Hause, es kostet nur ein paar Dollar.

Die schönsten Monate für Washington und Oregon sind Juni bis September, während Südkalifornien ganzjährig zu befahren ist. Im Juli und August ist es besonders an Wochenenden an vielen Stellen sehr voll, aber nach dem Labour Day Weekend (erster Montag im September) wird es in den gesamten USA schlagartig ruhig.

Sehr früh morgens und ab späterem Nachmittag ist der Straßenverkehr aber immer erträglich. Es lohnt sich, den Tag daraufhin einzuteilen, und die Zeit des stärksten Verkehrs abseits der Straße zu verbringen, Programm gibt es mehr als genug, und es bleibt immer noch genug Zeit zum Radfahren, noch dazu bei schönstem Licht.

Gleichgültig, wo man die Reise beginnt: unbedingt von Nord nach Süd fahren! Die vorherrschenden Winde, die beachtlich sein können, wehen aus Nordwest. Dazu kommt, daß der Verkehr zur Linken nicht so stark wahrgenommen wird: Die Augen sind, zumindest an der Küste, ohnehin rechts.

Wer in Vancouver beginnt, sollte die Tour wie beschrieben durchführen; startet man in Seattle, würde ich die Olympic-Halbinsel im Norden ausfahren (via Port Townsend) und nicht die kürzere, langweilige Route No. 12 über Aberdeen nach Westport wählen; zu vieles wird versäumt.

Unterkunft

In der Reiseerzählung habe ich selbst davon geschwärmt, aber unter der Rubrik »Tips« muß ich es sagen: Freies Zelten ist verboten! Zwar haben wir nie Ärger bekommen, haben es aber auch nicht provoziert. Das reichliche Angebot an Campingplätzen und ihre Qualität sind für Europäer ohnehin ein Erlebnis. Leider sind sie häufig auch voll. Ein Ausweg aus dem Dilemma sind die Hiker-Biker-Camps, die niemals »voll« sind, wo keiner abgewiesen wird. Es sind abgetrennte Areale in den State Parks für Nichtmotorisierte, häufig darf man maximal nur zwei Nächte bleiben. Sie sind durchaus unterschiedlich schön, variieren auch im Preis; zwei Dollar pro Kopf sind die Regel. Ist man zu mehreren, teilt man sich besser einen regulären Platz. Dieses System ist gut organisiert in Washington und Kalifornien, noch besser in Oregon (allein hier gibt es 15), wie mir überhaupt dieser Staat immer besonders »radfahrerfreundlich« erschien. Die privaten Campingplätze spielen allein zahlenmäßig nur eine Nebenrolle.

Daneben gibt es 25 Hotels (Jugendherbergen) entlang oder nahe der Route. Sie sind teurer als ein Zeltplatz, aber immer noch viel billiger als ein Motel. Besonders nach Regentagen wird man sie schätzen. Laufende Infos erhält man von

American Youth Hostels
P. O. Box 37613
Washington, D. C. 20013–7613

Motels, man muß es sagen, sind ihr Geld selten wert. Lauernden Blickes wurden uns schon Übernachtungspreise abverlangt, die ich als Kaufpreise der Bruchbuden vielleicht akzeptiert hätte. Inzwischen habe ich herausgefunden: je besser, um so reeller. Der Preis steigt nur mäßig und die Qualität enorm.

Billig sind sie nicht, aber die besondere Atmosphäre kann das Geld wert sein: Bed-and-Breakfast-Herbergen, die immer populärer werden. Es gibt viel Kitsch darunter, und sie sind häufig ausgebucht.

In San Francisco muß man in den sauren Apfel beißen und sich ein Hotel suchen. Das ist leider in der Regel teuer.

Verpflegung

Das eben Gesagte gilt gleichermaßen auch für Restaurants. Wenn es die Reisekasse hergibt, sollte man sich ruhig mal dem Genuß des Bedientwerdens hingeben. Amerikanische Restaurants sind weitaus besser als ihr Ruf und dazu überraschend preiswert: Für 12–15 Dollar wird man hier fabelhafte Menüs serviert bekommen. Übrigens, auch am Meer werden wunderbare Steaks aufgetischt! Aus schmierigen Fast-Food-Etablissements, wenn es denn nicht die großen »Marken«-Ketten waren, sind wir fast immer verärgert herausgekommen, aus Restaurants nie; wer aber vom Schlankheitstrip partout nichts wissen will, soll sein Junk Food futtern.

Der Normalfall wird aber die Selbstversorgung bleiben. Supermärkte in größeren Orten sind gut sortiert, lange und selbst an Wochenenden geöffnet, die Preise sind niedriger als bei uns. In den kleinen *groceries* auf dem Land wird man nicht froh: Es gibt kaum Auswahl und ist teuer.

Auf den Campingplätzen steht für jeden ein Grill parat; sollte eine Hiker-Biker-Anlage mal spartanischer ausgestattet sein, wird man bestimt an den »regulären« Plätzen sein Steak grillen dürfen. Tische und Bänke sind aber immer vorhanden.

Anreise, Reisekosten, Geld

Sinnvoll wäre ein sogenannter Gabelflug, also hin nach Vancouver, zurück von L. A. Die Air Canada, CP Air, KLM oder auch der holländische Charter Martin Air haben relativ günstige Angebote. Lufthansa ist etwas teurer, operiert aber ohne Aufschlag von sehr vielen deutschen Flughäfen. Daneben gibt es natürlich eine große Zahl amerikanischer Fluggesellschaften. Umbuchen der Termine ist kein Problem (vorausgesetzt, es gibt freie Plätze), schlägt jeweils mit ca. 100,– DM zu Buche. Hat man den Flugpreis verschmerzt (etwa 1400,– bis 1900,– DM plus ca. 30,– US $ fürs Fahrrad), kann man sehr billig herrliche Wochen erleben. Verglichen mit Europa sind die USA ein preiswertes Reiseland!

Die Räder reisen gut geschützt in Pappboxen, die jeder Fahrradhändler gern los wird; das gilt auch für den Rückflug. Der Greyhound-Bus nimmt überhaupt nur derart verpackte Räder mit. Einige amerikanische Airlines geben an Flughäfen solche Boxen an ihre Kunden ab, kassieren aber ohnehin bei jedem Inlandflug 30,– US $ extra fürs Fahrrad.

Im Supermarkt, beim Fast Food und auf Campingplätzen etc. braucht man Bargeld, oder, völlig gleichwertig, Traveller-Schecks. Wer sicher ist, nur die Radtour zu machen, sollte sich also keine Kreditkarte anschaffen. Aber bereits beim Automieten wird es ohne das Plastikkärtchen schwierig. Auch ausgegangenes Bargeld läßt sich damit unproblematisch und relativ gebührenarm »nachtanken«. Master Card ist am meisten verbreitet und bietet dazu den Service einer preiswerten Auslandskrankenversicherung an.

Literatur

Die Bibel für unterwegs ist das sehr detaillierte und hervorragend gemachte Taschenbuch von Tom Kirkendall und Vicky Spring aus Seattle. Die zweite Auflage erschien 1990 im Verlag »The Mountaineers«, 306 Second Avenue West, Seattle, Washington 98119, unter dem Titel »Bicycling the Pacific Coast«.

Auf 250 Seiten beschreiben die beiden Autoren auf die Zehntelmeile genau, was es wo zu sehen oder einzukaufen gibt. Sehr hilfreich ist vor allem das Streckenprofil, das genau den Höhenverlauf der Straße und ihre Steigungen darstellt. Wir haben es erst nach unseren Reisen kennengelernt – und waren froh darüber. Die Reisen wären anders verlaufen, »planerischer«, manches kleine »Abenteuer« hätte nicht stattgefunden. Dennoch, ich muß es empfehlen, besonders auch Autotouristen, weil es auf die zahlreichen Abstecher hinweist. Die weitere Literatur über Kalifornien füllt Regale, über Oregon und Washington gibt es (bei uns) so gut wie nichts. Tip: in Amerika kaufen und per Schiffsfracht nach Hause schicken.

Also dann: Rahmen- und Speichenbruch und – *keep your eyes open!*